Ein lautes Lied

Gesa Jessen

Ein lautes Lied

Rohstoff

In mein gar zu dunkles Leben
Strahlte einst ein süßes Bild;
Nun das süße Bild erblichen,
Bin ich gänzlich nachtumhüllt.

Wenn die Kinder sind im Dunkeln,
Wird beklommen ihr Gemüt,
Und um ihre Angst zu bannen,
Singen sie ein lautes Lied.

Ich, ein tolles Kind, ich singe
Jetzo in der Dunkelheit;
Klingt das Lied auch nicht ergötzlich,
Hat's mich doch von Angst befreit.

Heinrich Heine, »Die Heimkehr I«

1.

Aus dem Flugzeug zwischen Europa und England heraus betrachtet sieht das Meer vollkommen unbeweglich aus. Eine graublaue Masse, fest wie das Kunstharz in den Modellen der Welt, wie ein Bild von sich selbst. Ich habe einen Fensterplatz, fliege zum ersten Mal seit Langem bei Tageslicht und schaue in die glänzende Landschaft da draußen, ohne jedes Gefühl von Erhabenheit. In mir keine Angst, keine Euphorie, sondern nur ein freundliches, ja mildes Interesse. Das ist jetzt offenbar mein Leben, denke ich, dieses Durch-die-Luft-Fliegen, diese Aufbauten von Wolken und wie sie ausfransen und sich auflösen, ihre Schatten darunter über dem Land, die Windräder mitten in der Nordsee.

Der Mann, der neben mir schläft, erinnert mich an dich. Ich messe die Schönheit der Dinge immer noch daran, inwieweit sie mich an dich denken lassen. Und wie die frommen Arbeiter in den Bergen, denen die Madonna aus einem aufgeschnittenen Baumstamm heraus oder in einem gespaltenen Felsen erscheint, so finde ich dich ganz plötzlich, überraschend und überall.

Ich sehe dich vor dem Pizzaladen auf der Kolonnenstraße stehen, in dem Stück Sonne an der Hausfassade. Dein Mantel ist offen und du drehst dir eine Zigarette mit schmalen Fingern und schönen, schmutzigen Nägeln. Wie du langsam aufschaust und lächelst, dieses Lächeln, das sich zur Hälfte doch zurückhält, sein Geheimnis nicht preisgibt. Ich kenne niemanden, der so sehr sich selbst gehört wie du. Der so allein ist. Wie du mir damals deine Cola angeboten hast, wie du mit deinen Büchern durch die Welt ziehst, lose, wie Kleingeld in der Tasche. Ich habe das an dir bewundert, diese schonungslose Freiheit, die aussehen kann wie Einsamkeit. Vom ersten Moment an, der gar nicht auf der Kolonnenstraße stattfand, der ganz anders war.

Nun bleibst du in Berlin und ich kehre nach Oxford zurück. Noch sehe ich dich, wie einen flackernden, beweglichen Punkt auf einer Landkarte, du kommst aus der U-Bahn-Station Karl-Marx-Straße, läufst durch die Kinopassage, über die Richardstraße, rein in die Berthelsdorfer, nein, vorher holst du dir beim Kiosk ein Bier. Es ist ein sonniger Januarnachmittag, die ganze letzte Woche ist ungewöhnlich sonnig gewesen. Als hätte jemand den Himmel am Hosenbein blank gerieben. Ich bin viel am Kanal spazieren gewesen, die Weserstraße auf und ab. Einmal sind wir zusammen bis zur Amerika-Gedenkbibliothek gelaufen. Ein fast monströs schöner Nachmittag ist das gewesen. Schlimm, dass ich sofort an die erste der *Duineser Elegien* denken muss, schlimm, dass die ganzen Elegien, aber diese erste besonders, nun für immer dir gehören. Wie einen das alles wegreißt – schon bin ich nicht mehr im Flugzeug. Schon bin ich bei dir und in den Nächten, die wie Wälder waren. Dass Rilke so vage bleibt und mir dennoch einen so punktuellen Schmerz zufügt, direkt unter dem Rippenbogen, fünfcentstückgroß. Wieder und wieder dasselbe beglückt-paranoide Gefühl mit ihm: Als hätte er es tatsächlich für mich geschrieben. Vielleicht habe ich auch schon früh angefangen – ich muss zwölf, dreizehn gewesen sein, als ich das große Buch mit Gedichten und Aquarellen bei meiner Oma auf der Anrichte entdeckte – mich in dieser Dichtung einzurichten, mir mich selbst in diesen Worten zu erzählen. Wie auch immer: *Denn bleiben ist nirgends*. Das habe ich dir gesagt, ganz am Anfang, als du schon ein Ohr hattest, von dem ich die Haare wegstrich, aber noch keinen Namen, keine Telefonnummer. Wie mich damals die Vorstellung gequält hat, dass dein Körper nicht endlos sei. Dass dieses Hinwegraffen auch vor dir nicht haltmachen wird. Du, habe ich immer gedacht, du müsstest von der Regel ausgenommen werden, von diesem bleiernen Verschleiß. Ungerecht schien es mir, dass es jemals wieder eine Welt ohne dich geben sollte. Ich hätte nicht darin wohnen wollen.

Als die Maschine zum Landeanflug ansetzt, wünsche ich mir, etwas würde passieren – Turbulenzen, eine Triebwerksstörung, einmal richtig durchgeschüttelt werden, so, dass die Atemmasken herunterfallen. So, dass man schreien darf. Vielleicht wäre es auch gar nicht schlecht, denke ich, jetzt und hier zu sterben, mit dem Flugzeug in den hellen, leeren Wald der Midlands zu stürzen. Wie ein Feldjäger im Krieg, und die Menschen aus dem nächsten Dorf kämen angerannt – aber vielleicht macht man das heute nicht mehr, vielleicht rennt man nicht herbei, sondern ruft die Feuerwehr und die Polizei und ist vernünftig.

Walter Benjamin, in einem Hotelzimmer in Nizza im Sommer 1932, schreibt an Jula Radt: »Du weißt, dass ich dich einmal sehr geliebt habe. Und selbst im Begriffe zu sterben, verfügt das Leben nicht über größere Gaben als die Augenblicke des Leidens um Dich ihm verliehen haben.«

Wer Benjamin liest, der beginnt, ein wenig zu verstehen, wie ein Leben aussehen kann, in dem man nicht mitmacht. Der kann ahnen, was man am Zähneknirschen und Den-Abend-kaum-Aushalten haben kann. Benjamins Erkenntnis (die der von Rilke oft so ähnlich ist, seinem Blick auf die Gestalten der Pariser Straßen und auf die Tiere, die weich sind, hart sind), dass es bestimmte Schätze eben nur eingeschlagen in Leid und Demütigung zu gewinnen gibt – darin habe ich immer eine Behauptung sehen wollen, die das Gegenteil ist von einem selbstzufriedenen Stoizismus, der tief durchatmet und sagt: »Die Welt ist nun mal schlecht, schauen wir den Tatsachen ins Auge, machen wir weiter.«

Benjamin schaute den Tatsachen nicht ins Auge, er schaute auf ihre hellen Schatten, dort, wo man sie als Bilder von der Wand gerissen hatte. Er entzog sich wieder und wieder dem Funktionieren, dem Grinsen mit weißen Zähnen. Es tat weh, wenn die Sonne aufging, blass und rot, und es tat weh, wenn die Feuerwerkskörper ausgebrannt in die Seine stürzten und wenn die Schwalben Schnitte durch den Tag dazwischen machten, tat es auch weh. Und trotzdem, gerade deswegen, habe ich Benjamins schönen Namen gesagt, als wir vor ein paar Tagen in eurer Küche saßen und über Menschen sprachen, denen etwas gelungen ist. Was genau? Als Benjamin auf der Flucht vor den Nazis den Freitod wählte, trug er einen Koffer bei sich, dessen Inhalt ihm, so sagt es die Legende, mehr bedeutete als sein eigenes Leben. Der Koffer und was auch immer er enthielt, sind verschollen, aber ich frage mich, ob es sich mit dem Koffer nicht genauso verhält wie mit dem Brief in Poes Geschichte »The Purloined Letter«, von dem Lacan und Derrida sagen, nicht, was darin steht, sei wichtig, sondern dass es ihn überhaupt gibt, dass er von Hand zu Hand geht, dass man um ihn weiß.

Walter Benjamin habe ich also genannt, Patti Smith habe ich genannt, während wir gekocht und eine Flasche Wein ausgetrunken und uns darüber unterhalten haben, welche Menschen uns einfallen, die einen Weg gefunden haben, die Last zu schleppen, ohne dass es in brutalen Optimismus umschlug. Die mich hoffen lassen, dass es eben doch so etwas wie Grazie geben kann, schmal und hart wie ein goldener Armreif, den man am Morgen nach einer schwer durchwachten Nacht überstreift. Pattis getrocknete Blumen, mit der Zeit zu etwas geworden, das man kaum berühren kann, ohne es zu zerstören, und die zertanzten Ballettschuhe, ihre Reliquien, ein Festhalten an Dingen, die zart und fragil sind und in Futterale gehören, die Benjamin so liebte. Die dunklen, langen Straßen von New York und Berlin, gerade in dem Moment zwischen August und September, wenn der Sommer sich leise abwendet und die Abende kälter werden. Der Trost darin. Aber du wärst nicht du, wenn du nicht den Kopf geschüttelt hättest zu all dem.

Vielleicht hast du mich aber auch falsch verstanden. Ich meinte nicht, dass es einfach wird, leicht. Ich meinte nicht, dass das Leiden weniger wird, sondern dass es zu etwas Sinnvollem wird. Und dass man nicht mehr davor wegläuft. Ich habe das in einem Moment zu dir gesagt, in dem ich dabei war, zu begreifen, dass ich mich zu lange vor dem Schmerz verbarrikadiert hatte, vor aller Art von Leiden, wirklich, und nun saß ich in der Falle. Meine feingliedrigen und sorgfältigen Mechanismen der Vermeidung und Verdrängung, dieses ganze Sich-in-Schach-Halten durchs Herumspringen, Plänemachen, Wer-nicht-frieren-will-muss-sich-Bewegen lag ausgebreitet vor mir, ein riesiger Apparat, der nicht mehr das tat, was er sollte. Aus seinem kaputten Gestänge kroch die Angst hervor, eine lächerliche, große Kinderangst, die es mir die letzten zwei Jahre lang, beginnend um meinen sechsundzwanzigsten Geburtstag herum, unter anderem unmöglich gemacht hat, alleine einzuschlafen, und für die ich mich in Grund und Boden geschämt habe. Anders als Benjamin war alles, was ich von der Angst wollte, dass sie so schnell wie möglich verschwindet, und zwar restlos. Ich wollte sie nicht haben, ich wollte sie nicht halten, nicht in der Hand, nicht im Mund, ich wollte sie ausspucken und loswerden. Sie quoll aber aus allen Ritzen zwischen den netten, sauberen Dingen, die ich hauptsächlich tat, um sie fernzuhalten: Yoga machen und ins Konzert gehen, mir eine Kanne

Tee kochen. Ich saß im History of Science Museum zwischen schimmernden Vitrinen voller Messinstrumente und gläsernen Kolben und hörte einen Vortrag von Anna Dumitriu über Bio Art, mein Rücken unter dem Pullover schweißnass, überzeugt davon, dass ich den Raum nicht lebend verlassen würde, dass mein Körper gegen mich arbeitete und bereits im Begriff war, um mich herum zusammenzubrechen.

In Erinnerung an Benjamin schreibt Brecht (ich muss an das Bild von den beiden am Strand denken - aufgenommen ein Jahr vor Benjamins Brief an Jula Radt -, das Dach des gestreiften Sonnenschirms über ihnen, die verwischten Schatten von Bäumen jenseits der Dünen, die weißen Holzhäuschen, in deren sandiger und salziger Dunkelheit man sich umzog, bevor man im Badeanzug in die gleißende Hitze des Sommertags in Le Lavandou trat):

> So liegt die Zukunft in Finsternis, und die guten Kräfte
> Sind schwach. All das sahst du,
> Als du den quälbaren Leib zerstörtest.

Heute Morgen war mein erster Gedanke nach dem Aufwachen: Schon wieder ein Tag, den man irgendwie durchstehen muss. Sofort kam ich mir lächerlich und pathetisch dabei vor. Weil ein größerer Sinn fehlt, einer, der wirklich alle Strukturen durchdringen und das Einzelne mit dem Allgemeinen vermitteln würde, flüchtet man sich in das, was man für privat und einzigartig hält. Diese Liebe zu dir. Wie ich mich darin verrannt habe, als könnte uns das alle beide vom Tod befreien. (Manchmal tat es das. Die Nacht, als sie die Liesl zumachten, schon die Rollläden herunterließen, während wir noch Whiskey mit Mineralwasser tranken. Wie du doch beschlossen hast, mit zu mir zu fahren, und wir dann in die falsche S-Bahn gestiegen sind, in der Köllnischen Heide landeten, wo es nach Heu roch, schließlich irgendwann mit meinem Fahrrad die Martin-Luther-Straße hoch, alles so dringlich, alles nur eine Handbewegung entfernt.)

Was ich über die Vögel immer denke: Sie wissen nichts vom Tod. Sie führen ihr konkretes Leben, so unvorstellbar konkret, in den Bäumen entlang der Banbury Road. Kein Einziger von ihnen denkt sich selbst als etwas Generelles, aber alles, was wir an ihnen sehen, ist eben das - ein Bild, die Gattung. Die Sprache gibt und die Sprache nimmt. Eine Amsel sagen - was heißt das schon? Ein Schnabel, das bisschen Gelb, dieses aufmerksame Schauen ins Nichts. Ich laufe daneben her durchs Sonnenlicht, für einen Moment stupide, ja: dumm und glücklich. Als wäre alles Seiende schon okay, wenn es nur hell ist und warm und man ahnt, dass es weitergeht, dass irgendwo dahinten, am Ende der Straße, ein Frühling auf einen wartet. Als sei das ein Trost, als sei dieses Immerweiter eine Besänftigung. Manchmal in diesen Tagen wünsche ich mir so sehr, dass einfach schon Zeit vergangen wäre. Blinde, leere, mechanische Zeit, mehrmalige Umdrehung von Planeten, Sonne rauf und runter und am Ende käme ich dabei heraus, als eine, die mehr Freude findet, besser atmen kann.

Noch sitze ich und versuche, mir ein Mittagessen hineinzuzwingen, das ich nicht will. Lese fluchtartig alles, was mir ein wenig Versöhnung mit dem Unglück verspricht: Frankfurter Schule, Adorno, Benjamin. Lese sie fast wie Ratgeberliteratur, was sie schrecklich gefunden hätten. Lese sie als Biografien und Exempel, als könnte ich aus den Hinweisen auf ihr Leben herausfiltern, wie man so ein Leben denn eigentlich zu führen hat. In den letzten Jahren habe ich immer wieder versucht, ein kühles, beherrschtes Denken zu entwickeln. Es hat mich fasziniert an dir, wie du dich durch deine Denkgebäude bewegtest. Lauter lichtdurchflutete Räume mit Apothekerschränken, Enfiladen, Galerien aus Glas. Weißt du noch, die Badiou-Konferenz im Januar 2016 an der Universität der Künste? Das war für zwei Tage alles, was ich jemals wollte: mit meinem schönen Philosophen neben mir in einem weißen Seminarraum sitzen, Kaffee trinken und ins Notizbuch schreiben, was Christoph Menke bei einem Vortrag gesagt hat: »There is a gap in nature and that gap is the subject.«

Hätte ich damals gewusst, dass diese Lücke in der Natur beinah entsteht, wenn im zweiten Akt von Shakespeares *Antony and Cleopatra* Antonius allein auf dem Marktplatz zurückbleibt, während die ganze Stadt herbeistürzt, um Cleopatra auf einer Barke mit Parfüm getränkten Segeln thronend zu sehen und selbst die Luft sich nach ihr recken will – hätte ich dann nicht vielleicht auch

Alenka Zupančič gelesen, die zu dieser Stelle schreibt: »In love, we do not find satisfaction in the other that we aim for, we find it in the space, or gap, between what we see and what we get (the sublime and the banal object).« Und wäre es mir dann nicht schwerer gefallen, still zu sitzen neben dir?

Am Telefon versuche ich, es Lara zu erklären: Es ist nicht so, dass ich nicht auch eine Fantasie von mir hätte, wie ich mit einem kleinen Lederkoffer und keinem Blick zurück, hocherhobenen Hauptes, in ein anderes Land ziehe und schreibe und mir am Sonntag ein Glas Gin einschenke und nicht mehr an dich denke, nicht mehr an diese Liebe, die groß und unsinnig und kaputt ist. Dann aber, wenn ich versuche, vernünftig zu sein und weiterzugehen, ist da auf einmal wieder die Konfrontation mit dieser erniedrigenden - und ausweglosen - Entscheidung, vor die wir uns alle, ohne Ausnahme, gestellt sehen: erwachsen werden, das heißt hineinwachsen in das Gegebene, oder Kind bleiben und trotzen.

Vorhin habe ich im Café Brew auf der North Parade Avenue, ohne nachzudenken, einen Tee mit Salbei bestellt, dabei ist es genau der Geschmack und Geruch von Salbei, der als einziges Lebensmittel so etwas wie ein Proust'sches Madeleine-Erlebnis bei mir auslöst. Anders als Proust fällt mir kein Erlebnis aus meiner Kindheit ein, sondern aus meinen späten Teenagerjahren, dem Winter und Frühling, als ich achtzehn Jahre alt war. Ich war in der Zeit viel allein mit mir und unglücklich mit meinem Körper. Ich hatte aufgehört, mich zu schminken, arbeitete im Bioladen, malte viel. An einem Wochenende, als die Tage schon wieder länger wurden und meine Eltern nicht da waren – in meiner Erinnerung sind meine Eltern selten da in dieser Zeit, was zum Teil vielleicht sogar stimmt, weil mein Vater Visiting Fellow in Oxford war und meine Mutter ihn vermutlich oft besucht hat, aber trotzdem gibt es da ein Element von Sich-Mutterseelen-allein-Fühlen, das stärker ist als alle Tatsachen, die man im Kalender findet –, lief ich in Gummistiefeln durch den Wald. Es war sehr hell, weil die Bäume noch kein Laub trugen. Ich hatte das Gefühl, aus der Gesellschaft zu verschwinden. Mit nichts und niemandem verbunden zu bleiben. »Goldenwerden« nannte ich das. Und jetzt erst, da ich es schreibe, fällt mir die frappierende Ähnlichkeit zu meinem Leben hier auf – wie oft ich am Samstagmorgen allein auf der geschwungenen Brücke über dem Cherwell stehe, durch den Schlamm der Auen wandere. Wie ich sogar meine alten Aquarellfarben mitgebracht habe. Und wie ich manchmal kaum einen Bissen hinunterkriege. Damals wie heute gab es da diesen Wunsch, selbstgenügsam zu sein. Mir zu beweisen, dass ich mit meiner geistigen Nahrung und meiner Kunst leben kann, allein und frei und losgesagt von allem, was chaotisches, schmutziges Leben bedeutet: dass Menschen egoistisch sind und kleinlich und wahllos, aus einer Laune heraus miteinander ins Bett gehen und nichts begreifen und keine Pläne haben für sich oder die Welt um sie herum. Es war damals mein Ausweg, ob bewusst oder unbewusst könnte ich heute nicht mehr sagen, für eine Weile mit Lara zusammen ganz dionysisch zu werden. Genau das Chaos hereinzulassen, vor dem ich mich vorher mit Ekel abgewandt hatte. Das Gegengift war: auf der Fensterbank rauchen und durch die Nacht rennen, Rotwein aus der Flasche trinken, Unordnung, Küsse, zwischen Autos kotzen. Vielleicht, denke ich, wäre so etwas jetzt auch das Richtige. Aber wie stellt man das an, wie kommt man von A nach B? Wie ist es mir schon einmal gelungen? Wenn ich jetzt denke, dass es nichts gibt, was mich wirklich in diese Richtung treibt, dann muss ich mich nur daran erinnern, dass es damals auch nicht anders war. Eines Tages fand ich mich in diesem anderen Leben wieder und es gefiel mir. Man muss immer schon mittendrin sein – nur dann hilft es, nur dann wird es das, was man wollte. Das Unvorhergesehene, Wunderbare, die Selbstverständlichkeit des Absurden.

Ich war nicht mehr neugierig, ich war verbissen. Das denke ich jetzt rückblickend und das hast du mir mehr oder weniger so gesagt. Ich habe davon gesprochen, wie ich mir diese Geschichte über mich selbst erzählt habe, eine Geschichte in der all die Dunkelheit und das Aufgeriebensein meiner Teenagerjahre in eine Ordnung mündete, in eine Ruhe, in ein bescheidenes und selbstbewusstes Glück. Überwindung. Ich wollte, dass Dinge sich klären, und als sie es nicht taten, habe ich versucht, die Klärung zu erzwingen. Ich dachte, habe ich gesagt, mit Ende zwanzig würde ich das Nutzlose verworfen und das Gute gefunden haben. Du hast daraufhin gesagt – zum

Herd gewandt, das Geschirr wegräumend: »Du dachtest also, bis dahin hättest du dir dein Gefängnis gebaut.«

Du hast recht, du hast unrecht. Mein Wunsch ist nicht einfach nur der nach einer schönen, bürgerlichen Hülle – Altbauwohnung, Balkon, Gasherd –, sondern da ist auch mein Bedürfnis, als Einzelne eingelassen zu sein in einen größeren Zusammenhang. Dazuzugehören, gebraucht zu werden; gesehen zu werden, wie man im Türrahmen steht und sich nicht traut. Nicht nur der Widerwillen davor, allein jene Arbeit machen zu müssen, die Hegel beschreibt als eine »Übersetzung des Selbst aus der Nacht der Möglichkeit in den Tag der Gegenwart«, sondern auch die Ahnung, dass, wenn es wirklich für ein Leben halten soll, es zwei Ströme geben muss: einen, der nach außen fließt, und einen, der nach innen kommt, mich ausfüllt. Ich vermag es nicht allein, ein fähiges, starkes Subjekt zu sein, es mündet alles in Zwang, sobald ich es versuche. Was ich will, ist der Kreis; diese Balance, von der Adorno spricht, zwischen einem schamlosen Individualismus und einem Kollektivismus, der alles einstampft und frisst. Solidarität und Kooperation klingen zu förmlich, aber vielleicht treffen sie das, wonach ich mich sehne, gerade am besten, nämlich jenseits dieser Falle des 19. Jahrhunderts mit seinem Innerlichen und geschützten Privaten.

Als ich Hania davon erzählt habe, hat sie gesagt: »Some may call it a prison and some may call it a home.«

Sich Abnabeln. So muss es sich für ein Kind anfühlen, das aus dem warmen, differenzlosen Nebel grenzenloser Zuwendung gestoßen wird. So muss es sich für mich angefühlt haben, denke ich, nur, dass das weit jenseits der bewusst erinnerten Grenze liegt. Etwas von dieser ersten Trennungserfahrung wiederholt sich in jeder späteren Trennung. Das ewige Rad der Übertragung, von den dunklen Wurzeln zu den bunten Fahnen. Ich war als Kind so, wie ich als Liebende bin: maßlos, gierig. Wenn ich nachts auf einen Fleck Tinte schaue und er sich an den Rändern auszubreiten beginnt, oder wenn ich schlaflos liege, während der Wind irgendwo weit weg im Gebäude etwas – metallisch klingt es – einen Fensterflügel? – bewegt, dann werde ich mir selbst unheimlich. Dann wird alles Vertraute und Reglementierte von mir gezogen, als würde eine Hand behutsam nach der Decke greifen und sie zurückstreifen. Darunter liegt ein roher Wunsch, so umgreifend und wild, nicht einmal nach Sex, sondern nach einer Zuneigung, die absolut ist, bei der man sich nackt gegenübersteht wie in manchen Darstellungen des Jüngsten Gerichts, wenn die Menschen aus ihren Gräbern gerissen werden. Ich hoffe dennoch inständig, mehr zu tun, als bloß wieder und wieder das gleiche Muster in den Sand zu zeichnen. In dem Aufsatz »Nothing Is Not Always No-One: (a)Voiding Love«, den du mir empfohlen hast – und manchmal frage ich mich schon, wie du all das lesen kannst und ich all das lesen kann und wir am Ende so unterschiedliche Schlüsse ziehen –, beschreibt Adrian Johnston, wie Lacan zwischen Übertragung und Liebe unterscheidet:

> Lacan suggests that the phenomena grouped under the heading of transference aren't just faithful reproductions of a perpetually returning past subsisting as a frozen, static and unchanging network of ideational traces; there's a transformative process of creation at play in these phenomena. Maybe a key indication that a person honestly loves another is that this Other actually makes enough of an impact upon the lover that the latter's libidinal template is significantly restructured by this new rapport.

»This new rapport« – Liebe ist also nicht bloß die schlechte Unendlichkeit einer sinnlosen Wiederkehr, ein Recycling, dem man nicht entkommt. Stattdessen: Festhalten an dem Gedanken, den Benjamin so messianisch feiert und den Adorno sehr viel zögerlicher versucht – dass nämlich Hoffnung haben heißt, sich darauf einzulassen, entgegen jedem besseren Wissen zu glauben, dass eine gute Zukunft auch die schlimmste Vergangenheit erlöst. (Wie weit weg mir das gerade erscheint.)

Am nördlichen Rand der Merton Fields und Christ Church Meadow, zwischen Merton College und Corpus Christi, liegt der Deadman's Walk. Ehe man sie aus der Stadt vertrieb, liefen die Juden von Oxford hier in ihren Begräbnisprozessionen von der Synagoge zu dem Friedhof, der früher ungefähr da gelegen hat, wo sich jetzt der Botanische Garten befindet. Ich gehe ihre Schritte heute durch einen feinen Nieselregen nach. Als ich das letzte Mal hier war, Anfang Januar, hatte sich eine große Gruppe für Gudiparan Bazi, das afghanische Drachenkampfspiel, versammelt und ließ selbst gebaute kleine Papierdrachen an Wollfäden Richtung Merton College aufsteigen. Heute ist der Deadman's Walk menschenleer, nur auf dem Sportplatz daneben trainieren zwei Studenten, bis zu den Schultern mit Schlamm bespritzt. In ein paar Jahren werden sie vermutlich nach London ziehen, *city boys*, die in der Politik oder im Finanzsektor arbeiten, zwischen leeren und nachts trotzdem ausgeleuchteten Hochhäusern, die wie Pyramiden am Ufer der Themse stehen. Oxford ist für mich von Anfang an ein Anders-Ort; das, was Foucault Heterotopie nennt, ausgestattet mit gesellschaftlichem Gegengewicht. Die Stille seiner Bibliotheken und der Gesang vom Turm des Magdalen College am Maimorgen sind nur im Tandem mit London zu verstehen. So wie junge Adelige im 18. Jahrhundert auf Grand Tour gingen, Italien gesehen haben, Griechenland, die Alpen, so wie sie das Leben eines Bohémien führten, ehe sie zurückkehrten und der Ernst des Lebens begann, so studieren Menschen heutzutage ein paar Jahre hier, und dann wartet für die meisten irgendwo ein großer Schreibtisch und eine schalldichte Tür mit Blick auf die Dächer der City of London. Davor erzählen sie irgendetwas von Elon Musk und seiner Expedition zum Mars, sie sagen etwas von Maschinenlernen und künstlicher Intelligenz und ich, ich bin das alles so satt. Ich finde das alles so langweilig, so sterbenslangweilig.

So wenig hat das zu tun mit dem Lied der kleinen Schellen am Waldesrand und mit dem Mund voll mit warmem Schlamm, Eliots »garlic and sapphires«. So wenig verspricht das irgendetwas, für das ich bereit wäre, die Hand zu heben.

Eure Küche in der Berthelsdorfer Straße. Dieser kleine Raum, dunkel, zum Hinterhof raus, immer kalt, weil beide Fenster nicht ordentlich schließen, der Hängeboden, den ihr aus Holzresten gebaut habt, das Sammelsurium von Geschirr, einiges davon ist meines vom Flohmarkt, viel davon steht schmutzig gestapelt auf der Ablage und in der Spüle, immer ein Geruch von Chili und Nudelwasser und Espresso, das alte Radio, das losgeht, sobald man die Mehrfachsteckdose anknipst, irgendein Berliner Dudelsender und manchmal Klassik Radio, die Stühle von der Straße, überall Dosen mit Gewürzen, schwarzen Bohnen, Maronencreme. Wie die Erzählerin von Banana Yoshimotos *Kitchen* habe ich ein Faible für Küchen. Irgendwo in Berlin in einer WG-Küche zu sitzen, hat sich immer gut angefühlt, so wie es sich auch gut anfühlt, in einer Bibliothek noch vor zwölf Uhr mittags seinen Arbeitsplatz einzurichten, aufzuschauen, in diesem reifen Moment vor dem Losschreiben.

Eure Küche, Küchen generell, und ganz besonders Küchen, die geteilt werden, sind für mich das Komplementärstück zu diesen Tagen in der Bibliothek. Am Abend will ich einen Korken mit den Zähnen aus der Rotweinflasche ziehen, dir beim Kochen zusehen, am Tisch sitzen, an dem, mehr als irgendwo anders, all diese Wünsche und Lebensentwürfe zusammenfließen, die man sonst in seinen separaten WG-Zimmern unterbringt. In Wohngemeinschaften, die mit funktionalem Wohnen experimentieren, die also zum Beispiel keine eigenen Zimmer, sondern ein Schlaf- und ein Wohnzimmer haben, sieht es für mich ein bisschen wie in einer bürgerlichen Familie aus und ist doch im besten Fall deren Aufhebung. Vielleicht wird das einmal genau das Richtige sein für Menschen, »zwischen denen die Schranke fiel« (wie Adorno das über das Ich in der Dichtung von Stefan George sagt), die ganz sie selbst bleiben, aber sich gegenseitig anschauen können, einigermaßen befreit von Scham. Wenn ich also nach dem Aufwachen für einen Moment lang in eurer Küche verweile, dann hat das weniger mit Nostalgie zu tun (Nostalgie, die sowieso eine Beleidigung für jede Form von wirkmächtigem Erinnern ist, das ja nicht abschließt, sondern aufruft, wie bei Benjamins Tigersprung ins Vergangene) und mehr mit Utopie.

Es gibt dieses Moment von Beliebigkeit in der Liebe und auch in ihrem Ende. Heine wusste das besser als jeder andere. Er schreibt mit Bitterkeit darüber, aber überwiegend auch lakonisch und witzig. Im 39. Gedicht des *Lyrischen Intermezzos* zum Beispiel ist die letzte Strophe so munter wie ein frisch aufgeräumtes Zimmer und spult sich reibungslos herunter, wie die neuen industriellen Produktionsprozesse, die Adorno in Heines Dichtung wiederzufinden meinte:

Es ist eine alte Geschichte,
doch bleibt sie immer neu;
und wem sie just passieret,
dem bricht das Herz entzwei.

Wie so oft in den Gedichten im *Buch der Lieder* ist es gerade Heines *matter-of-factness*, die mich kriegt. Dieses Ruhighalten des Stifts. Es gelingt ihm hier etwas beinah Unmögliches, nämlich durch das künstlerische Werk - eigentlich ja ein Selbstermächtigungsprozess - Ohnmacht auszudrücken. Daher auch die Floskelhaftigkeit der Sprache, das Alltägliche und Mechanische daran. Hier spricht kein beglücktes Individuum. Hier spricht gar kein Individuum. Was da zur Sprache kommt, ist die Sprache selbst, als Hülse für eine Gesellschaft, die sich selbst als allumfassend, unentrinnbar und sinnlos versteht - als zweite Natur, die nirgendwo hinführt und brav ins Leere trottet.

In Oxford erscheint mir die Liebe sehr pragmatisch. Ich kann in meinem College beobachten, wie sich die Paare zusammenfinden. Jeder Abend, jeder Nachmittag, jede *formal hall* bietet ja Gelegenheiten, zumindest werden sie als solche grundsätzlich wahrgenommen. Man kann da beweisen, wie vernünftig man ist, wie schmerzlos man aus dem Gegenüber die Informationen herausbekommt, die man braucht, um sich schließlich vorzubeugen und küssen zu lassen. Bei der Hälfte der Menschen, die solche

Beziehungen eingehen, frage ich mich: Wie haltet ihr bloß die Nächte miteinander aus? Wie wird man so, durch welche Schule der Vernunft und der Gesundheit müsst ihr gegangen sein, damit euer Leben nun nur so strotzt vor Möglichkeiten, euch besser zu arrangieren? (Und bin ich nicht auch dabei, mit meinem Wunsch, mir all diese kleinen Freuden hinter verschlossenen Türen zu bauen, sich immer dünner auszuwalzen, sich zu erhalten, bis man kaum etwas anderes mehr tut?) Du hast mir in einer E-Mail irgendwann 2017 diese Stelle aus Rebecca Comays Buch *Mourning Sickness* geschickt:

> Hegel darkly suggests that this collective self-regulation is a thinly veiled defence against what lies beyond the pleasure principle. This is why utilitarianism is a slave ideology: I learn to wait. I pace my pleasure, I dilute it, I diversify it, I experiment with it, I count it, I parcel it into bite-sized units, I want it to last forever, I make *use* of the world so as to curb my own unappeasable desire to consume it, to destroy it, to *use it up*.

Worum ging es dir da, als du mir das geschrieben hast? Irgendwann werde ich dich fragen, dann, wenn ich dich in vielen Nächten ausgeschwitzt und an vielen Tagen ausgeatmet habe, wenn ich all die feinen Verbindungen gelöst habe, die einmal meine Zukunft, meine ganze Perspektive auf die Wirklichkeit an dich geknüpft haben. Dann kann ich dich vielleicht wieder mehr sehen für das, was du einmal warst und was du bist und was du wirst, ohne Relation zu mir. Ohne das Bedürfnis, mehr herauszuholen, als du mir zu geben bereit bist. Ohne es für immer zu wollen.

(Als ich nach der E-Mail suche, finde ich stattdessen eine, die du mir 2014 aus Mexiko geschickt hast. *Oh, Amor* beginnst du am 24. Mai. Du schreibst mir vom Ende des Bachelorstudiums, vom Philosophie-Master und davon, dass du gerade wieder Kant liest, um dich danach an Hegel zu wagen. Du endest mit:

Ich muss aber zugeben, mich vor komplizierten Aufgaben zu sehen, motiviert mich schon irgendwie … Man muss schon irgendwie anfangen, ernster mit dem ganzen Kram zu werden.)

Wenige Monate nach dieser E-Mail bin ich zur dir nach Puebla gekommen. Jedes Mal, wenn ich anfangen will, darüber zu schreiben, über die Geräusche der Vögel vor dem Haus, während wir auf deinem Bett lagen, über die gleißende Sonne und den Abendspaziergang an der Promenade in Veracruz, diese warmen Nächte, die sich wie ein Handschuh über Mund und Stirn legten, das Gewitter, das in der Nacht über dem Meer wütete, wie wir in der Wohnung deines Vaters in Mexiko-Stadt geschlafen haben, wo es dir sehr schlecht ging und ich dich in den Schlaf gesungen habe, das Essen in der Callejón de los Sapos, wie wir gemeinsam unter dem Wasserstrahl in der großen, offenen Dusche im ersten Stock standen, dann muss ich abrupt den Laptop zuschlagen, so wie man ein Buch zuschlägt, das einen angegangen ist, denn etwas ist dann passiert, zwischen diesem Moment, in dem du von dir gesprochen, aber auch irgendwie mich gemeint hast, und dem, an dem wir uns jetzt befinden. Etwas hat dich dazu veranlasst, erst leise und beharrlich und schließlich mit großer Heftigkeit von mir abzulassen. Das, was dich einmal zu mir hingezogen hat, verlor seine Kraft, und irgendwann bin ich dir wohl in einem ganz anderen Licht erschienen.

Was einem auf den ersten Blick ganz selbstverständlich vorkommt, der Versuch nämlich, ein einigermaßen glückliches und irgendwie angepasstes Leben zu führen, ist eigentlich nicht nur ein magerer Trost, sondern ein tatsächlicher Wahn. Er ist das Gefängnis, von dem du gesprochen hast. Der Versuch, es sich *nett* zu machen, muss sich immer lächerlich anfühlen, weil er zutiefst lächerlich ist. Wie das Meme von diesem Hund, der in einem brennenden Zimmer am Tisch sitzt und sagt: »This is fine.« Als ich klein war, hing in dem Zimmer bei meinen Großeltern, in dem wir übernachteten, wenn wir den Sommer dort verbrachten, eine Reproduktion von Magrittes stillem Bild *Das Schloss in den Pyrenäen*. Ich fand das Wort Pyrenäen klangvoll und vielversprechend, fantasierte mich vor dem Einschlafen in das Innere dieser Burg, die auf einem eiförmigen Felsbrocken über dem Meer schwebt. Die Burg sieht aus, als sei sie längst verlassen, eher eine Ruine, nicht besonders einladend im Grunde. Sie verschmilzt mit dem Felsen, auf dem sie steht, als würde sie aus seinem Gestein herauswachsen. Als Kind habe ich mich oft danach gesehnt, halb im Verborgenen zu leben, entrückt, versteckt und bewahrt vor der Welt. Dieser Wunsch ist bis heute da. Aber eben auch der Gedanke, dass auf einsamen Felsen im Meer vornehmlich Gefangene leben.

Im Chor singen wir »Swing low, sweet chariot« in einer Version für vier Stimmen, die unser Chorleiter vor ein paar Jahren für eine Beerdigung arrangiert hat. Als wir es zum ersten Mal singen, bin ich selbst davon überrascht, dass mir die Tränen kommen. Die erste Aufnahme von »Swing low« stammt aus dem Jahr 1909 und klingt für uns heute unerträglich langsam und schmelzend, gesungen von Gespenstern. Das Lied ist aber noch älter; irgendwann in der Mitte des 19. Jahrhunderts geschrieben von Willis Wallace, einem Menschen, der für die Hälfte seines Lebens einen Besitzer hatte. Genau wie in »Steal away to Jesus«, einem anderen von Wallace' Liedern, ist die Sprache von »Swing low« zugleich alltäglich, fast beiläufig und doch auch ganz erhaben. Die goldene Kutsche, die heruntergesegelt kommt, um einen abzuholen, biegt direkt aus der Seitenstraße ein. Jederzeit kann sie vor deiner Tür halten, am Ende eines langen Nachmittags. Du musst kein Gepäck mitnehmen, keine Kleider mehr tragen.

Den Takt Nummer dreißig singe ich am liebsten. Gleich nach der lautesten Stelle des Liedes, dem triumphalen »tell all my friends!«, setzt das Decrescendo ein. Alt und Sopran schmiegen sich so nah aneinander, dass sie nur umso deutlicher als zwei unterschiedliche

Stimmen hervortreten, als Zuversicht und Zweifel. Das »I'm coming too« wird plötzlich zu einer Frage. Werde auch ich da sein, wirst du es?

Ich muss daran denken, wie Heine in Paris über Deutschland schreibt, mit der ganzen Wut und Sehnsucht eines Kindes, das es besser weiß und trotzdem will. Und ich denke an Adorno, wie er, gerade aus dem Exil nach Frankfurt zurückgekehrt, in der Wohnung seiner Eltern steht und auf dem Parkett die Abdrücke des Klaviers seiner Mutter wiederfindet. Ich muss an unseren letzten Urlaub denken. Wie man sich im Urlaub für ein paar Tage oder Wochen eine ideale Bleibe schafft. Das Haus in der Schweiz, an den Hang gebaut, über dem Tal, in dem schon blau der Abend liegt, nur oben, auf den Höhenkämmen und den Schneefeldern des Adula, den man auch Rheinwaldhorn nennt, scheint die Sonne (wie manchmal im Sommer in Berlin, wenn man durch die Häuserschluchten geht und oben am Giebel hängt noch spärlich orange-gelbes Licht). Wie man zurückkehrt nach einer langen Wanderung und die letzten Schritte den Hang hinauf oder hinab sind leicht, man nimmt schon halb den Rucksack ab, lässt ihn ins Gras fallen. Durchs Küchenfenster sehe ich meinen Vater, der das Abendessen zubereitet, große Büschel Koriander und Petersilie auf dem Schneidebrett, gedämpft durch das Glas dringt das Geräusch des Radios. Du hast die Schuhe ausgezogen und stehst barfuß auf dem großen Stein, von dem aus man das ganze Bleniotal überblickt. Bevor wir hierhergekommen sind, warst du dir nicht sicher, ob du die Berge gerade aushältst, diese Stille und Abgeschiedenheit und das Gefühl, nicht jederzeit wegzukönnen. Warum würdest du wegwollen? Jetzt scheint es dir ganz gut zu gefallen, aber ich spüre, dass etwas an dir nagt. Ein Unglück. Als würdest du es schon eine ganze Weile vermeiden, mir in die Augen zu sehen und nur anfangen zu lächeln, wenn du dich beobachtet fühlst.

Auf der Rückreise aus der Schweiz haben wir einen Zwischenstopp bei den Eltern meines Schwagers in Süddeutschland gemacht. Wir waren alle ziemlich erschöpft, aber trotzdem - oder gerade deswegen - in diesem Zustand leichter Trunkenheit vor Müdigkeit, in dem man albern wird, und den William Wordsworth als einen kreativen Modus so mochte, haben wir über nichts Geringeres gesprochen als darüber, woher die Kunst kommt. Das Haus hat einen regelrecht eingelullt, die Holzwände mit den Wandteppichen, das rote Klavier und darauf die Kerzen, die Bücherregale in der Dunkelheit - alles so nah und fern, wie Räume im Traum, die sich um einen herumbewegen, das Innere einer Laterna magica. Der Vater meines Schwagers hat gesagt, er habe sich als junger Mann die ganze sexuelle Frustration aus dem Leib gegeigt. Das hat er wortwörtlich so gesagt. Also ganz klassisch, Marcuse: Triebenergie wird nicht unterdrückt, sondern produktiv und gesellschaftskonform abgeleitet, sublimiert. In diesem Sinne gilt Kunstmachen als das beste aller Übel. Dann ist der Künstler nicht der Beschädigte, sondern der, dem es gelingt, die Beschädigung, die alle mit sich herumtragen, zu veräußerlichen und in eine Form zu gießen: Man sitzt am Schreibtisch, die Zeit fliegt vorbei, am Ende hat man etwas gemacht, das andere sich anschauen, sogar kaufen können. Aus einer eigentlich endlichen Ressource erfindet man neue, unendliche Kombinationen. Die entstehenden Gebilde gehören dann zwar nicht mehr einem selbst - sondern, wie Borges sagt, der Sprache und der Tradition - aber manchmal kann man trotzdem davon leben.

Wenn man Schreiben als Arbeit versteht, dann ist es immer beides: Ein ökonomischer Vorgang einerseits, ein Tauschhandel wie jeder andere, und andererseits die pathologische Negation von all dem, der komplette Größenwahn, das absolute Unvermögen, damit klarzukommen, dass man nicht alles an sich reißen und golden machen kann.

Manchmal frage ich mich wirklich, was andere Menschen mit all dem anfangen - wo sie es lassen? Wie sie jeden Tag aufstehen, durch die Welt laufen, U-Bahn fahren können und es prasselt und prasselt in sie hinein und nichts kommt am anderen Ende heraus. Vielleicht fließen sie einfach mehr mit den Dingen mit. Empfinden nicht so eine starke Trennung zwischen Innen und Außen, die Bushaltestelle da drüben ist irgendwie bereits Teil von ihnen, deshalb gibt es da gar nichts zu besprechen. Vielleicht haben sie so eine Grundakzeptanz, eine fast eschatologische Ergebenheit an das, was nun mal da ist und dem es nichts mehr hinzuzufügen gibt. Oder sie halten nichts von diesem Starrmachen der Beziehungen im Kunstwerk und wollen lieber solche ephemeren Sachen tun wie Muster mit Milch in einer Tasse Tee ziehen, jemanden anschauen, richtig anschauen, oder an einem Morgen im Winter mit dem Mund einen kalten Fenstergriff berühren. Es registrieren und wieder gehen lassen. Alles möglich, aber begreifen werde ich es nicht, denn seit ich mich erinnere, bin ich vollkommen überfordert mit all dem, dieser Beschaffenheit von Bäumen, den Gasen der Atmosphäre, der Tatsache, dass da jemand auf der Brücke über dem Cherwell steht und einen Mantel trägt, den tausend Hände für sie genäht und tausend Chemiker ausgeklügelt haben. Seit man all den Materialien, die um mich herum verstreut liegen, und auch all den unsichtbaren Gegenständen in meinem Kopf und meinem Mund, Fähnchen angeheftet hat, die diese bezeichnen, bin ich fassungslos, und sehr gut verstehe ich Hofmannsthals Lord Chandos, der auf dem Pferd sitzt und die Ratten im Keller verrecken sieht und sich fragt, was zur Hölle das soll, was es mal sollte, was das hier ist, und nie, nie, nie werde ich verstehen, wie andere Menschen einfach denken können: Heute mal Kaffee oder Tee? (Dass ich das nicht kann, das ist nicht gesund, denke ich. Das haben andere Menschen eben anders gelernt, besser, in dem amorphen Zustand, der glitzert, ehe man drei Jahre alt ist und die Erinnerungen sich verfestigten, da haben diese Menschen schon ein Grundvertrauen bekommen, dass alles irgendwie laufen wird, dass sie sich nicht täglich abmühen müssen, eine Welt zu konstruieren, in der sie morgens aus dem Bett aufstehen können. Dass nicht alles ihre Aufgabe ist, dass sie auch mal etwas ruhen lassen können, dass nicht jedes

Wort in die Hand genommen, herumgerollt und verwandelt werden muss.)

Schreiben ist die Fantasie einer widerstandslosen Wirklichkeit. Einer, in der jeder Schlag mich vom Scheitel bis zur Fußsohle spaltet, in der alles weh- und gutzugleich tut, keinerlei Frustration. In einer Gesellschaft, die vor einem herumhampelt mit irgendwelchen Projekten, die man tun und in denen man sich verwirklichen soll, ist es fast unmöglich, darüber nachzudenken, wie so eine Haltung der Ergebenheit aussehen könnte. Die Dinge liegen dann vor einem nicht mehr als Möglichkeit, sondern ganz eindeutig, nur so, nicht anders. Das ist der Zwang, den sich jeder Künstler wünscht. Schreiben ist ja auch immer: der Versuch, jede Beliebigkeit zu verbannen. Zu sagen: Nicht in meinem Reich.

Das habe ich an dem Abend in Süddeutschland natürlich nicht alles gesagt, was ich genau gesagt habe, weiß ich nicht mehr. Und eigentlich erinnere ich mich an dieses Nachdenken über die Kunst auch nur wegen dem, was danach kam und was mir im Vergleich dazu banal erscheint, es aber offensichtlich nicht gewesen ist. Der Vater meines Schwagers hat nach dem Essen in die Runde gefragt, ob jemand einen Espresso trinken wolle. Ich hatte zu diesem Zeitpunkt Kaffee seit Wochen gemieden, so wie ich ungefähr alles gemieden hatte, was mich hätte aufregen können, und trotzdem war ich immerzu nervös, angespannt, wenn ich die Bibliothek verließ, in der U1 saß und nach Hause fuhr, bis zur Panik gesteigert, wenn ich vorbei an der Emmauskirche fuhr und das große Mosaik sah, auf dem Jesus neben den zwei Jüngern auf der Straße nach Emmaus geht, mit der tröstenden und drohenden Inschrift *Herr, bleibe bei uns, denn es will Abend werden.*

Aber irgendetwas hat mich nun an diesem Abend geritten, eine komische Zuversicht, und ich habe Ja gesagt und den Espresso getrunken, und in dieser Nacht, unter einer Wolldecke im Atelier, habe ich so geschlafen, wie ich fast vergessen hatte zu schlafen: voller Gewissheit. Wie ein Kind, das man gewiegt hat.

Dass wir einen Geist haben, der tanzend immer nur an die Grenze kommt. Nicht darüber hinaus. Nie darüber hinaus. Dass uns in manchen Momenten – ein strahlender, leerer Winternachmittag, Rauch, der sich aus den Schornsteinen der Bungalows und viktorianischen Einfamilienhäuser windet, Gespenster, die aufs Dach klettern – ein fast körperliches Gefühl überkommt von unserer Eingelassenheit in eine Wirklichkeit, eine Geschichte, in der fast alles passieren kann und in der doch nichts ohne ein intrikates Netz von Konsequenzen bleibt. Ein Höchstmaß an Absurdität nähert sich nicht einfach der Beliebigkeit an, sondern bringt immer wieder Muster und Sinnverknüpfungen hervor, so klar und schön und unbestreitbar wie eine Tempelanlage unter dem Eis. Wir sehen und sehen und verstehen doch nicht. So viel wissen wir. Lebendig sein, nachdenken, das heißt nichts anderes, als sich der Übermacht des ganz und gar Unbegreiflichen bewusst zu werden, ohne dabei in völlige Stumpfheit und Hilflosigkeit zu verfallen.

Wie Adorno es in der Einleitung seiner *Negativen Dialektik* beschreibt: Das Versprechen der Philosophie sei es, den Begriff über sich selbst hinauswachsen zu sehen, bis er ans Begriffslose heranreiche. Dazu sei Erkenntnis da, zu nichts anderem. Der Begriff muss an den Abgrund geführt werden. Aufgemacht und nie mehr verschlossen werden. Deutlich hervorkehren, wie wenig er von dem Gegenstand besitzt. Das Ziel der Philosophie ist dann das Offene und Ungedeckte. Sie ist das Hinauskatapultiertwerden ins gleißende Nirgendwo, und zugleich, wie Novalis bemerkt hat, ist sie das Heimweh.

Und Hegel, Hölderlin und Schelling in ihrem Zimmer im Tübinger Stift (ich sehe sie auf ihren Hochbetten hocken und Kaugummi kauen)? Einer wurde Hegel, einer Hölderlin und einer Schelling, alles dabei also, staatstragende Philosophen und ein Verrückter. Eine Chance von eins zu zwei.

Am 15. Dezember 2014 bringe ich dich zum Flughafen und schreibe in mein Tagebuch:

Sofort – schon auf dem Rückweg im Bus durch den Norden von Charlottenburg – schnappt das andere Leben zu, in dem ich drin sitze wie in einer Kugel oder einem Kabinett. Dieses Allein-Leben. Das Gefühl, im Verborgenen zu sein, niemand zu sein. Frei, ja, manchmal auch frei in dem Sinne, dass mir nun niemand zusieht. Dabei will ich gern, dass mir jemand zusieht, oder »gern« ist wohl das falsche Wort, denn dahinter steht ja die Angst. Angst, für sich selbst nicht genug zu sein, dieses Über-den-Kopf-Streichen, die Ratifikation zu brauchen, die Angst davor, nicht vorhanden zu sein, wenn es kein Publikum gibt, und sei es nur ein Ein-Mann-Publikum. Vor niemandem will ich mich so profilieren wie vor dem, der mich liebt, damit er damit nicht aufhört. Bloß nicht aufhört.

Und ein paar Tage später:

Interessant ja die Überlegung: Wenn ich wirklich in manchen Momenten glaube (wie ich behaupte), dass er mich nicht liebt, wie kann ich dann ansonsten glücklich mit ihm sein? Das würde entweder einen wahrhaft schizophrenen Zustand voraussetzen, in dem die eine Hand nicht weiß, was die andere tut (in dem das Glück nichts von der Angst ahnt), oder eine grundlegende Täuschung (ich bin eigentlich nie glücklich mit ihm, will es aber aus irgendeinem Grund – Stolz oder Gewohnheit – unbedingt sein) oder eine Art Kausalverbindung à la: Ich bin glücklich, gerade weil ich an ihm zweifele (Masochismus?).

Das Abbild jeder Liebe ist für mich die von Richard und Mimi Fariña. Natürlich ist sie voll von Tod. Auf YouTube findet man Mitschnitte der Sendung *Rainbow Quest* mit Pete Seeger, wo sie am 26. Februar 1966 zu Gast waren. Sie sitzen sich gegenüber auf Holzstühlen, er spielt den Kentucky Mountain Dulcimer, eine Art Zither, die einen weit hallenden, metallischen Klang hat, und sie die Gitarre. Wenn sie sich anschauen, ist es für einen Moment wirklich so, als würden sie nur füreinander singen. Zwei Monate nachdem die Aufnahmen gemacht wurden, ist Richard Fariña gestorben, tödlich verunglückt mit einem Motorrad in den Hügeln des Carmel Valley, wo er und Mimi in einem kleinen Holzhaus im Nebel gewohnt haben. Es war der 30. April, Mimis 21. Geburtstag, und zwei Tage zuvor war Richards erster Roman *Been Down So Long It Looks Like Up to Me* erschienen. An dem Tag signierte er in dem Buchladen Thunderbird in Carmel Valley Village seine Bücher. Später war er auf der Geburtstagsparty für Mimi im Haus ihrer Schwester Pauline und stieg schließlich mit auf die Harley von Willie Hinds, der dann in einer Kurve die Kontrolle verlor. Richard, der in die Dunkelheit geschleudert wurde, war sofort tot. Er starb weit weg von Brooklyn, wo er aufgewachsen war, von Greenwich Village, wo er in die Folkszene stolperte, und von Paris, wo er Mimi bei einem Picknick traf, in den Hügeln *out west*, an jener Küste, an die irgendwann alle Träume der Sechziger führten, dorthin, wo es nicht mehr gab als Sonne und See. In ihrem Gespräch beschreibt Pete Seeger Carmel Valley so:

> Beautiful country, though. I wonder how many of you viewing have even seen pictures of the coast around Carmel, California. It's only in the last few years they had roads there. Because the mountains tumble down into the sea and pine trees cling to the rocks. And the Pacific Ocean sometimes is full of fog that rolls up and then it gets up to the top of the hill and all of a sudden the fog evaporates, as soon as it gets to the top of the hill. And when it does clear off, you get the most magnificent views you can imagine. It's one of

the most lovely parts of America and I think one of the most lovely parts of the whole world, too. You're lucky people to live there.

Lucky people – ihre Geschichte ist eine, bei der man versucht ist, die Zeichen im Davor zu finden. Darin, dass Richard seinen Roman, an dem er jahrelang mit Unterbrechungen gearbeitet hatte, in einer Tour de Force während der letzten sechs Monate seines Lebens zu Ende schrieb, eine Arbeit, die schließlich seine Hand lähmte. Dass der Geschichte, die er darin erzählt – eine Beat-Version der *Odyssee* –, das Benjamin-Franklin-Zitat »I must soon quit the scene« vorangestellt ist, ebenso wie der Umstand, dass dort in all den *ramblings*, nadelfein, der Tod hervorsteht. Dass er, bevor er auf das Motorrad stieg, Mimi seine Brieftasche und seinen Autoschlüssel gab. Besonders aber Mimis Gesicht, wenn sie zusammen das Lied »Bold Marauder« singen. Dieser Moment ganz am Ende, wie sie aufschaut, so als würde sie von weit weg etwas hören. Als würde sie gerufen von jenseits der Hügel.

Jahre später singt Mimis Schwester Joan Baez in »Diamonds & Rust« über ihre Liebe zu Bob Dylan. Wie er sie anruft mitten in der Nacht aus einer Telefonzelle im Mittleren Westen. Wieder und wieder sieht sie ihn vor sich, aus dem Fenster eines New Yorker Hotelzimmers gelehnt, sein schmales Lächeln mit zusammengepressten Lippen, wie ihr Atem sich weiß in der kalten Luft vermengt und plötzlich sagt sie: »Speaking strictly for me, we both could have died then and there.«

Die Baez-Schwestern, denke ich, hatten schon in sehr jungen Jahren eine besondere Verbindung zum Tod. Er ging mit ihnen, still, und sie kannten ihn gut. Möglich, dass Mimi sah, wie der Schatten seiner Hand Richard berührte zwischen all den Blumen. Gut möglich, dass er selbst es auch wusste, als er die Zeile im Refrain von »Joy round my brain« schrieb, von der man erst nicht viel denkt, weil sie so ein Allgemeinplatz ist und die einem dann aber doch – oder gerade deswegen – einen Stich versetzt: »I'm so happy I could die«.

»Hoffnung im Vergangenen« heißt ein Aufsatz von Peter Szondi über Walter Benjamin. Dass die Vergangenheit nicht ein zurückgelassener, leerer Platz ist, sondern eine Aufgabe, die man noch zu bewältigen hat, die man immer wieder aufsucht, ist einer der Kerngedanken von Benjamin und Adorno, man könnte sogar sagen: eine Obsession. Da ich mich nicht damit abfinden kann, dass du und ich etwas Abgeschlossenes sein sollen, hole ich die Tagebücher hervor, die Zettelchen und Postkarten und ziehe die Bücher aus dem Regal, in die wir beide oder einer von uns geschrieben haben.

Auf der ersten Seite der deutschen Übersetzung von Borges' *Ficciones*, den Erzählungen aus den Dreißiger- und Vierzigerjahren, hast du im Dezember 2012 notiert:

Meine Liebe, leider werde ich wohl der Erste sein, der in dieses Buch schreibt (und dann auch ohne Füller! – aber der geht leider nicht) und nicht du. Du wirst es mir verzeihen müssen. Nun sind wir beide auf diesem vergänglichen Papier etwas verewigt – denn ich soll nicht denken, dass es uns nicht überleben wird. Eines Tages mag es dann jemand auf einem Flohmarkt finden und uns wieder lebendig machen, jedoch. Ob sich meine Einsamkeit dieser eleganten Hoffnung erfreut? Egal … Dass diese Erzählungen dich zu erleuchten vermögen! Dass, auch wenn der Weg unausweichlich wie der Pfeil sei, der in den Rissen lauernde Gott dich vom Einsperren befreit.

Zwei Jahre später, im Sommer 2015, habe ich in der Buchhandlung Rayuela am Südstern den Folgeband, *Das Aleph*, mit Borges' Erzählungen aus den Vierziger- und Fünfzigerjahren gekauft. Hinterher haben wir auf der Fontanepromenade gesessen, bei den Tischtennisplatten, und ich habe auf die erste Seite geschrieben:

Für einen Moment ist da die Versuchung, ein erstauntes Gesicht zu machen. So zu tun, als verstünde ich nicht, worauf du hinauswillst mit deiner andeutungshaften Rede von Enden und Ufern, die immer schon schön und verheißungsvoll klang, auch damals, besonders damals, wie ein ins Wasser geworfener Talisman. Aber das Recht, die Unwissende zu spielen, habe ich wohl verwirkt. Typisch für dich: drei Zeilen um fünf Uhr morgens, da geht in Berlin schon die Sonne auf, in London aber bestimmt noch nicht und in einem Park in Tokio packen sie schon die Picknickutensilien wieder ein.

Das Schöne daran, viel Borges zu lesen, ist ja, dass man beginnt, die Muster zu bemerken, die einen bis ins Intimste hinein verfolgen. Und es ist in dem Sinne natürlich nur folgerichtig, dass Borges selbst zu einer Art Schibboleth für mich geworden ist, das immer einen geheimen Bereich aufschließt, der mit dir zu tun hat.

Noch eine dritte solche Begegnung mit Borges gab es, Ende September 2013. Ich hatte einen Stapel Bücher in dem Antiquariat in der Belziger Straße gekauft, den ich noch dabeihatte, als ich dich am frühen Nachmittag vor der Apostel-Paulus-Kirche traf. Ich saß auf den Stufen und blätterte in *Borges und ich* und du kamst aus der U-Bahn-Station Eisenacher Straße, in deinem blauen Pullover und darunter dem weißen Hemd, das du gestern angezogen hattest, um mit C. in die Philharmonie zu gehen. Ich habe dir an dem Tag Boris Vians *Der Schaum der Tage* geschenkt, die deutsche Ausgabe von Zweitausendeins aus den Siebzigerjahren, die mit den goldenen Punkten auf den ersten und letzten Seiten. Wir sind durch Schöneberg gelaufen, es war einer dieser Altweibersommertage, die mir die Liebsten im ganzen Jahr sind, der Himmel wie Emaille, schon merklich höher und weiter, die rote Kirche wie eine Schablone dagegengeklebt, das Gelb der Ginkgoblätter mit vollen Händen davorgeworfen. Wir sind die Goltzstraße hochgelaufen, auf der Winterfeldtstraße in die Antiquariate gegangen und später waren wir indisch essen. Irgendwann habe ich dir gesagt, dass ich mich in England an der Uni bewerben wollte, am Goldsmiths College in London. Du warst erschrocken und traurig darüber, aber aufgehalten hättest du mich nie. Es hing über dem Abend, der schön war und uns beide unglücklich machte. Ich weiß noch, wie du mich nach Hause brachtest; an der Ecke zur Traunsteiner Straße trennten wir uns und du liefst weiter zur Bushaltestelle. Danach waren wir beide wieder allein.

In meinem Traum trägst du das Bild *Rote Kavallerie* von Malewitsch unter dem Arm, das in Wirklichkeit als Poster über deinem Bett hängt. Du lachst mich aus, während wir auf der höchsten Etage in einem Einkaufszentrum mit offenen Galerien stehen, vielleicht den Neukölln Arcaden. Jemand - eine fremde Frau, S. vielleicht, deren Gesicht ich nicht kenne und das ich deshalb nicht einsetzen kann, obwohl ich sie dann, als ich sie Jahre später zufällig auf der Hermannstraße treffe, sofort erkenne - will mich in ein Zimmer zerren, du lässt sie gewähren. Ich flehe, versuche dich anzufassen, du hältst die *Rote Kavallerie* zwischen uns. Schließlich gelingt es mir, mich von ihr loszureißen und mich über das Geländer der Galerie zu stürzen. Ich falle kopfüber an den Rolltreppen vorbei und schlage auf dem Boden eines Eiscafés auf. Ich spüre, dass Knochen gebrochen sind, besonders im Gesicht. Aber ich kann noch reden und ich sage etwas zu den Umstehenden, nämlich, dass man eine Arbeit zu Washington Irving, dem amerikanischen Reiseschriftsteller und Satiriker aus dem 19. Jahrhundert, schreiben sollte.

Als ich aufwache, will ich dich sofort anrufen. Stattdessen aber bleibe ich liegen und sehe dem Sonnenlicht zu, das frühmorgens schräg in mein Zimmer fällt, nach und nach den Schreibtisch und dann das Bücherregal beleuchtet und schließlich eine große Fläche auf dem Teppich schafft. Plötzlich bereue ich es, nicht meine Bibel mitgenommen zu haben, und gleichzeitig erstaunt es mich, dass ich bisher gar nicht auf die Idee gekommen bin, sie nach England zu holen. Es gab eine Zeit, da wäre ich nie ohne meine Bibel verreist, geschweige denn in ein anderes Land gezogen. Jetzt sehne ich mich nach dem verwaschenen blauen Buchrücken, mehrmals aufgeweicht und verbogen, in Rucksäcken um die halbe Welt geschleppt, ich sehne mich nach den Worten mit ihrem fernen, uralten Klang, mit ihrer Welt aus Wüsten, Balsambergen, Lamm und Hirsch und Salböl. Diesen unterdrückten Jubelschrei, den ich immer gespürt habe bei Psalm 126: »Wenn der Herr die Gefangenen Zions erlöst, so werden wir sein wie die Träumenden. Dann wird unser Mund voll Lachens und unsre Zunge voll Rühmens sein.« Dieses Mädchen, das ich einmal war, das wusste, ganz genau wusste, dass es immer auf der anderen Seite der Straße gehen würde als alle anderen. Dem die Menschen entgegenkamen, um dann hinter ihm zu verschwinden. Als wir angefangen haben, miteinander zu schlafen, hast du manchmal gesagt, ich sähe dabei so heilig aus. Und etwas in mir hat sich auch so gefühlt, als würde ich mit meinem nackten, offenen Körper etwas sehr Ernstes und Weihevolles tun.

Wie in Fernando del Pasos *Palinuro de México*, wenn der Palinuro und seine Cousine Estefanía in ihre kleine blaue

Wohnung ziehen und sich ganz ihren inzestuösen Spielen hingeben - so habe ich mir unser Liebesleben eigentlich vorgestellt. Irgendwie zügellos und dabei unschuldig zugleich. Wir haben den Palinuro zusammen gelesen, als du in Mexiko warst und ich noch in Deutschland, ich glaube, ich habe das Buch sogar dann mit nach Puebla geschleppt, um die letzten Seiten dort lesen zu können. Ganz am Anfang, Weihnachten 2012, haben wir schon einmal ein Buch so geteilt, mit einer Entfernung zwischen uns, Bolaños *Los Detectives salvajes*. Ich hatte es in Köln in dem Buchladen auf der Zülpicher Straße bestellt und abgeholt am Vormittag des Heiligen Abends, der in dem Jahr ungewöhnlich mild war, ich trug nur eine leichte Jacke und Halbschuhe. Zurück in Berlin habe ich es im Café GER-O-MAT in der Uni gelesen, auf einem der abgewetzten Sofas, die damals noch dort standen, direkt unter dem Fenster. Ich erinnere mich, dass es anfing zu schneien, ganz kleine, trockene Flocken, und dass ich das Gefühl hatte, genau am richtigen Ort zu sein, mit meinem starken schwarzen Kaffee, dem Schnee da draußen und dem Buch voller Dichter und durchzechter Nächte, das mich mit dir verband.

Einer dieser Winterabende in Oxford, wenn die Sonne tief steht, es ganz windstill ist und man für einen Moment weiß, wie es im Sommer sein wird, und das Gefühl hat, in einer Welt ohne Menschen zu leben. Statt Angst macht sich in mir eine wilde, geheime Freude breit. Ich laufe östlich der Dragon School bis zum University Park, über mir werfen sich lautlos ein paar Tauben in die Luft und zeigen mir ihre perlweißen Bäuche. Sie würden nicht zögern, sich all diese Dächer und Mauern und Bäume zurückzunehmen, und die Füchse würden in die Mülltonnen und durch die Küchenfenster kriechen. Vielleicht würden sie sich ein wenig wundern, dass nun alle Autos stillstehen und nichts mehr das Wasser klärt und die Ampeln und Laternen schon bald aufhören zu leuchten, aber so wie sie sind, die Tiere, zucken sie mit den Achseln, auch ohne Achseln, und tun weiter, was sie tun. Schlafen, riechen, ein dunkles Lager aufsuchen, ihre Art des lauten Liedes singen, ohne Wissen und ohne Wut.

Im Zimmer meiner Mutter habe ich an Weihnachten die deutsche Übersetzung von Annie Ernaux' *Les années* gefunden. Ernaux versucht darin, eine Autobiografie zu schreiben, in der das Ich komplett seiner Individualität entkleidet wird und ganz bloß vor einem steht, als Kreuzung von Sprache und Ereignissen und Ideologie. Mich hat das erschreckt und abgestoßen, aber auch angezogen wie ein kleiner, loser Schmerz, der schon fast guttut. Eine Verwundung, von der man nicht lassen kann. Am Ende dachte ich, dass uns selbst der Versuch, so etwas wie die Idee von Innerlichkeit zu bewahren, zwischen den Fingern durchgerutscht ist und wir hilfloser sind denn je und mehr kaufen und mehr Befriedigung suchen als jemals zuvor, weil wir uns so wenig vorstellen können, wie diese Befriedigung eigentlich aussehen soll.

Es macht mich unglücklich, wenn ich bemerke, auf welche Arten ich versuche, mich zu bespaßen. Es tut mir dann fast leid um mich, wie ich nach etwas suche, das aussieht wie Glück, und wie sehr ich es in Sachen zu erkennen glaube, die eigentlich bloß seine Zeichen sein sollten, gute Omen, und stattdessen aber antreten, um es zu ersetzen. Ich muss an Georges Perecs Buch *Les choses* denken, das ich vor ein paar Jahren in deinem Hausflur gefunden habe und in dem Sylvie und Jérôme damit beschäftigt sind, sich die perfekte Wohnung einzurichten. Ihre Teppiche, Holzschüsseln und Hocker sollen auf ein reges, wunderbares und kluges Gedanken- und Gefühlsleben verweisen, das aber ausbleibt. Und ich lege meinen Toast auf einen dunkelblauen Teller und reibe Rosenöl auf meine Handgelenke und lächele mir selbst im Spiegel zu. Als wäre das hier eine der Fantasien, die ich als Kind hatte, in denen ich mir immer einen Zuschauer ausgedacht habe, einen Beobachter, der kommt und mich im Wohlsein baden sieht, erlesen, auserwählt, in einem großen Haus am See, in einem Garten, der sanft zum Wasser hin abfällt. Wie berauscht ich von der Vorstellung war, dass mein Leben für jemand anderen aussehen könnte wie ein Bild. Von dem Wunsch, das Außen würde ein Innen hervorspielen, reich und blühend und sich selbst genug. Die Enttäuschung, wenn das ausbleibt und man nicht, so wie Heine, mit dem Tod in der eigenen Brust den sterbenden Fechter gespielt hat. All der Spaß, den wir uns versprechen, all das Glück, das wir uns ausmalen, all die Produkte, die aufgetragen, geschluckt und einmassiert werden sollen. Wie ich mich selbst dabei erwische und verachte, mit meinem kalt gepressten Saft in der Hand, wie ich es mir bequem machen möchte und mich dann auch noch darüber wundere, dass sich kein großes, donnerndes Glück einstellt.

Dagegen dann die vielleicht schönsten Geräusche, die es für mich gibt: Durch die geschlossene Tür meine Mutter am Klavier zu hören. Endlose, langsame Fingerübungen, jeden Tag. Eine selbstlose Disziplin, als wäre es befohlen, Klavier zu spielen, ob man nun gerade Lust dazu hat oder nicht. Das hat mit dem Ich nichts mehr zu tun. Das ist fast so, als gäbe es da draußen wirklich objektive Größen und höhere Mächte und nicht nur Raum, Raum, Raum.

Bevor ich zum ersten Mal in Paris war, hast du mir gesagt, am besten käme man dort am Abend an, denn die Nacht sei wunderbar, der Tag aber eher trist. Als ich dorthin gefahren bin, eine achtstündige Busfahrt von Köln aus, um zusammen mit Malte und Annika Manon an ihrem Geburtstag zu überraschen, ließ sich die Sonne für vier Tage nicht blicken. Alle Farben sanken in sich zusammen, wurden matt, grau und beige, unterbrochen von dem Rot des chinesischen Restaurants, in dem wir Manons Geburtstag und den Beginn des Jahres der Ziege feierten. Es war knapp einen Monat nach den Anschlägen auf die Redaktion von *Charlie Hebdo* und überall in der Stadt sah man schwer bewaffnete Polizeieinheiten. Vom Musée d'Orsay ist mir nur die gläserne Uhr in der Dachgaube in Erinnerung geblieben, durch die hindurch man über die ganze blasse Stadt schaute, und von Sacré-Cœur weiß ich bloß noch, dass wir mitten in eine Messe hineingestolpert sind. Es war nicht das Paris, durch das man leicht flanierte, aber ich fand gerade die Gedämpftheit gut, das Trübe, Verschlafene. Wie wir morgens immer lange am Frühstückstisch saßen, mit Baguette und Käse, und uns nicht aufraffen konnten, das Haus zu verlassen. Dieses Hineinsinken in meine Freunde. Wie sie mir einen Teil der Arbeit abnahmen, ich zu sein.

Am meisten wie ich selbst fühle ich mich, wenn ich in einem Café oder einer Bar sitze, verabredet bin, aber zehn Minuten zu früh und mir ein Buch mitgebracht habe. Ich bestelle einen Wein oder einen Kaffee und lese ein paar Worte, von denen ich weiß, dass ich bald ein Gespräch über sie werde anfangen können. Denn gleich schon, gleich und in jedem Moment, wird die Tür aufgehen und jemand schneit herein, jemand, der sich halb mitbringt und halb genauso darauf wartet, aufgefüllt und ergänzt zu werden, sobald er sich an den Tisch zu mir setzt. Dann werden wir eine Karaffe bestellen und all die stillen Stunden, die wir allein mit Lesen, Schreiben, Musikhören, Ausdemfensterschauen verbracht haben, werden hier aneinanderstoßen mit einem leisen Geräusch, klingend wie Sektschalen.

In den frühen Morgenstunden schreibst du mir eine lange Nachricht darüber, dass du ausgegangen bist, allein und mit einer großen Egalheit in den Schultern. Ich kann nicht anders, als das schrecklich zu finden und dich nach Hause holen zu wollen. Als wäre dein Unglück mein Versagen. Als würdest du jetzt nicht mit Haaren voller Rauch und

Nacht im Gesicht am U-Bahnhof Hermannplatz sitzen und dich trostlos fühlen, wenn es mir nur gelungen wäre, im rechten Moment ein Fenster aufzureißen.

Am 5. Juni 1849 schreibt Richard Wagner (aus dem Exil) an Franz Liszt, seinen späteren Schwiegervater:

> Wie ein recht verzogenes Kind der Heimath rufe ich aus: ach, säße ich daheim in einem kleinen Hause am Walde und dürfte dem Teufel seine große Welt lassen, die ich im besten Falle gar nicht einmal erobern möchte, da mich ihr Besitz noch mehr anekeln würde als ihr bloßer Anblick es schon thut!

Hier, am Schreibtisch in der Taylor Institution Library, mit Blick auf das Ashmolean Museum, überkommt mich ein so schlichtes Heimweh, wie ich es noch nie in meinem Leben gehabt habe. Ich greife immer wieder nach dem Handy, wohl wissend, dass davon nichts ausgehen wird, was mich trösten könnte, dennoch getrieben, es in die Hand zu nehmen. Es trifft mich völlig unvorbereitet, ich bin nie diejenige gewesen, die sich einsam fühlt, wenn sie allein ist. Zwischendurch dieser unsinnige Optimismus: Es wäre doch schön, sich selbst neu zu erfinden. Ein schwarzes Kleid tragen, im Sommer, ohne BH und mit einem gebräunten Rücken, einer dünnen goldenen Kette darauf, am obersten Halswirbel eine kühle Wolke neuen Parfüms. Lauter frische Früchte vom Markt in Summertown essen. Einen kleinen grauen Hund, ein italienisches

Windspiel, das neben einem herläuft. Ein Seminar für Kritische Theorie geben. In dem Moment, in dem ich es entwerfe, macht sich schon die Sinnlosigkeit breit. Was soll das alles? Was verspricht das denn? Als du und C. euch getrennt habt, hast du in meiner Wohnung in Schöneberg gesessen, das Laternenlicht fiel durch die Balkontür und du hast gesagt: »Es ist, als ob alle Hoffnung auf der Welt gegangen wäre.« Ich habe damals schon geglaubt, es zu verstehen, und jetzt tue ich es noch viel mehr. Das Einzige, was gegen diese aufwallende Verzweiflung zu helfen scheint, ist Trotz. Stur festhalten an den Dingen, die man einmal für gut und schön befunden hat. Sanft und gerade sein. Nachdenken. Schreiben.

Das Schreiben wird mir gerade wieder ganz zur Seinsweise, und das erfüllt mich mit Erleichterung. Als hätte man einen Vorhang beiseitegeschoben und einen weiten Strand dahinter gefunden, rollende Wellen. Als könnte ich eines Tages wieder gehen mit Federn in den Kniekehlen und Wind im Nacken. Über dich habe ich ganz am Anfang einmal geschrieben, du seist die Wunde zur Welt. Du hast mich offen gemacht. Es fällt mir schwer, es alles wieder in mich zurückzuholen, was da herumflattert, außerhalb von mir, was nach dir greift, nach anderen und anderem auch, ja, aber vor allen Dingen nach dir. Ich muss es schreiben. Dieses Erlebnis, dich und mich, und dass es zu Ende ging, dieser Einbruch vollkommener Beliebigkeit in ein Leben, das ich so sehr versucht habe, schön und vernünftig zu gestalten, in dem ich so sehr versucht habe, die Oberhand zu gewinnen und den Schmerz zu verbannen, dass ich jetzt darüber erschrecke, wie sehr ein anderer Mensch mich verletzen konnte, einfach dadurch, dass er nicht ich ist, dadurch, dass ich seine Gefühle weder ganz verstehen noch verwandeln kann, eine Erkenntnis, auf die mich Rilke doch hätte vorbereiten sollen - wir *sind* allein, wir können uns lediglich entgegenkommen -, diese Erfahrung, dass der andere wirklich ein Anderer ist - all das aufzuschreiben ist sowohl ein Versuch, die Gestaltungshoheit zurückzuerobern, denke ich, als auch ein Sichausliefern an das, was geschieht zwischen dem Erinnern, dem Wunsch, etwas zu sagen, und den Fingern, die es tippen. Wie bei Heine: in der Sprache zu Hause sein und zugleich ein Fremder. Schon leitet ein Satzteil mich fort und hinaus.

Die glücklichsten Momente mit dir hatten schon, während sie geschahen, etwas von Erinnerungen, von leuchtenden Bildtafeln, die an uns vorbeigezogen wurden, tableaux vivants. Frühstück in dem türkischen Café auf der Karl-Marx-Straße; wie wir einmal zur Pfaueninsel gefahren sind und dort im Gras lagen, lasen und redeten, ein bisschen hungrig und genau richtig; wie wir manchmal in deiner Küche getanzt haben - was mich jedes Mal aufs Neue überrascht hat -; wie wir einmal in diesen Platzregen geraten sind auf dem kurzen Weg zwischen der Universität der Künste und dem Bahnhof Zoo; wie wir mit einer Flasche Wein durch Schmargendorf gelaufen sind, bis wir zum Platz am Wilden Eber kamen, der ganz verlassen dalag an diesem Sommerabend, und ich versuchte, auf die

Bronzeplastik des Ebers zu klettern; wie wir zusammen dein Fahrrad gekauft haben; wie du mich manchmal im Schlaf zu dir herangezogen hast; wie wir auf dem Dach der Universität im Wintersonnenlicht geraucht haben und du meinen Kamelhaarmantel anhattest, der dir so gut stand; wie wir auf einem Hügel über dem Achterwasser gesessen haben, auf dem ganz still ein Segelboot vorbeiglitt, ein perfektes Feininger-Gemälde; wie du mich, als wir am Silvesternachmittag in Puebla waren, an der Hand genommen hast, gerade als wir in den Bogen einer offenen Kirchentür traten, drinnen das Licht Hunderter schmaler Kerzen, und dann, im letzten Sommer, bei G20 auf den Straßen von Hamburg, wie wir mit all den anderen Menschen zur Elbphilharmonie rannten, in der drinnen die Mächtigen saßen und sich Beethovens *9. Sinfonie* anhörten, aber die Freude und der sanfte Flügel waren hier draußen bei uns und auf dem Wasser leuchtete es.

Schön und bunt und flüchtig. Am Ende war es immer wie an diesem Ersten Mai 2013, an dem wir von Neukölln nach Kreuzberg liefen, am Landwehrkanal entlang bis zum Görli, und du später noch mit C. verabredet warst, aber daran habe ich da erst einmal nicht gedacht, stattdessen war es ganz so wie in Max Frischs Gedicht »Judith«, wenn es heißt: »und der Himmel wird sein wie immer, grau oder blau –.« Schließlich haben wir uns auf der Skalitzer Straße verabschiedet, ich bin auf mein Fahrrad gestiegen und in eine Nebenstraße gefahren, durch das Sonnenlicht, ohne mich umzudrehen und ohne zu weinen. Von Anfang an war da die Angst, dass du mich verlassen würdest eines Tages. Dass du nämlich wie die Wahrheit wärst: etwas, was in der Form aufleuchtet, in der Neigung deiner Schultern unter dem zerlöcherten weißen T-Shirt, etwas, was man nie halten kann, was einem nie ganz gehört.

Du bist das Abenteuer für mich geblieben, all die Jahre, derjenige, den es zu gewinnen galt.

Diese nervöse Energie, von meiner Mutter geerbt, meistens am späten Nachmittag bis weit hinein in den Abend. Sich vor irgendetwas flüchten in eine Aktivität, von der man weiß, dass sie doch nichts anderes als Ablenkung ist. Benjamin schreibt:

> Die Kranken haben ganz besondere Kenntnis vom Zustand der Gesellschaft. In ihnen schlägt die Hemmungslosigkeit in eine untrügliche Witterung der Atmosphäre um, in der die Zeitgenossen atmen. »Nervosität« ist die Zone dieses Umschlagens. Die Nerven sind inspirierte Fäden, gleich jenen Fasern, die sich mit unbefriedigten Verjüngungen, mit sehnsuchtsvollen Buchten um Neunzehnhundert über Mobiliar und Häuserfronten zogen. Die Figur des Bohemians sah der Jugendstil am liebsten in Gestalt einer Daphne, die unter dem Nahen der verfolgenden Wirklichkeit sich in ein Bündel bloßgelegter, in der Luft der Jetztzeit erschauernder Nervenfasern verwandelt.

Ich habe vor ein paar Jahren (jetzt sind es schon acht) so eine Daphne in der Luitpoldstraße in Schöneberg gefunden. Sie steht als Relief über einem der Portale, mit einem starren, fast blöden Blick, die Arme schon Baum. Man hat die Häuser hier um die Jahrhundertwende gebaut und obwohl man sich bestimmt gefreut hat über neue Wasserleitungen und die U-Bahn, die Synagoge und die Bibliothek in der Münchner Straße, gab es da auch diese Schlappheit, diesen Ekel, und so hat man sich eben die Daphne ans Haus machen lassen. Die Daphne, die sich, fliehend vor der Vergewaltigung durch Apollon, ins Vegetative hineinrettet, also dahin zurück, woher sie, als Nymphe, doch eigentlich gerade erst mühsam entkommen ist. Dieses Sichfallenlassen in eine Bewusstlosigkeit von Fackeln und Gras, überwachsen werden, überwuchert … hinter allen Berliner Hausfassaden lauert irgendein Hinterhof mit rostenden Teppichstangen, süßen Mülltonnen, die früher einmal aus Metall waren und mich an Molkereien erinnerten. Hinter jedem Haus ein Garten und, besonders in der Nacht, ein Duft. Für den Rest der Welt und der Geschichte ist der Garten vielleicht ein kontrollierter, durchzirkelter Bereich, die Herrschaft der Vernunft über die Natur, aber in Berlin ist das anders. Dort sind die Gärten der dunkle Unterbauch der Stadt, die Stelle zwischen den Steinen, wo es zu rotten beginnt. Derjenige, der das am besten wusste und bei dem der Garten immer wieder auftaucht, um zu locken und auszulöschen, ist der Hund, der Schatten: Gottfried Benn. Benn, der etwa zehn Minuten fußläufig von der Luitpoldstraße gewohnt hat, südlich vom Bayerischen Platz. Ich bin oft an seinem Haus in der Bozener Straße vorbeigegangen und habe oft, sehr oft, die letzten Zeilen aus dem Gedicht »D-Zug« vor mich hin gesagt, mich nicht sattsagen können an ihnen, eine Beschwörung, die aus dem alten Sommer aufgestiegen kam:

Halte mich! Du, ich falle!
Ich bin im Nacken so müde.
Oh, dieser fiebernde süße
letzte Geruch aus den Gärten.

Eigentlich falle ich oft. Vielleicht hat das damit zu tun, dass meine Mutter einmal gesagt hat, ich hätte weniger Resilienz als andere. Ich muss immer zurück. Seit ich mich erinnern kann, will ich umkehren und in den Garten.

Zum ersten Mal in Oxford war ich kurz nach meinem achtzehnten Geburtstag. In der Abteilung für Dichtung in Blackwell's, vor dem Regal stehend, habe ich zwei Zeilen aus einem Gedicht von Robyn Bolam in mein Tagebuch geschrieben:

In this city of fourteen islands it is easy
to think you are walking on water.

Vermutlich meinte Bolam damit Stockholm, aber für mich war das Oxford, eine Stadt wie aus Italo Calvinos *Le città invisibili*, mehr Fata Morgana als Ort aus Stein und Kanalisation, golden und blau und gläsern, schwebend über den sumpfgrünen *meadows* und den Flüssen Cherwell und Isis. In meinem Tagebuch steht:

> *Oxford. Emaille, Sandstein. Scones in braunen Papiertüten, in den glatten Pfützen auf den Sportfeldern vor Christ Church wimmelt es von durchsichtigen Larven. Hirsche, ihr Fell und ihre Münder dampfend, im Park von Magdalen College. Tote Eichhörnchen und lebende Hummer im Covered Market. Der Dodo von Alice. Papas eigenes Wunderland.*

Oxford, das Märchenhafte, die verlockende und verborgene Welt meines Vaters, eine Verlängerung des Gefühls, das in mir aufstieg, wenn ich früher in sein Arbeitszimmer gegangen bin, während er in der Uni war, mich auf seinen Schreibtischstuhl setzte, leicht nach hinten wegkippte: auf der Tischplatte die dunkelgrüne Lederunterlage, unter deren Rändern Visitenkarten steckten, die Schubladen voller Kostbarkeiten – in der obersten Stifte, Radiergummis, ein Lineal aus Holz, eine Teeschachtel mit einem Tiger darauf, eine Tasse voller Büroklammern und Filzstifte, die giftig rochen, in der Schublade darunter weißes, unbedrucktes Papier und darunter Schmierpapier. Ein Eindringling sein im Reich der Erwachsenen.

»Weißt du, wer Oxford wirklich geliebt hätte?«, sage ich zu Malte. »Mein unglückliches achtzehnjähriges Selbst.«

Ich höre, wie Malte sich eine Zigarette ansteckt. Er kennt mich lange genug, um an diese Kompulsion von mir, die Vergangenheit wieder und wieder und wieder hervorzuzerren, gewöhnt zu sein. Er weiß, was ich meine, wenn ich mein *unglückliches achtzehnjähriges Selbst* sage, ich habe ihm oft genug aus meinen Tagebüchern vorgelesen, in denen eine manchmal bedacht, manchmal impulsiv getroffene Auswahl von Zitaten und Anekdoten als ein schicksalhafter Vorgang präsentiert wurde. Bei den Auspizien, der Vogelschau, mithilfe derer im antiken Rom die Zeichen der Zukunft gelesen wurden, waren schließlich auch Rituale zulässig, die Einfluss auf die Formationen der Vögel und auf das Wetter nahmen. Mit achtzehn war der größte Teil meines Handelns davon bestimmt, dass ich gegen etwas ankämpfte, gegen ein derartig umfassendes und engmaschiges Netz von Zwängen, dass mir jede Fluchtlinie willkommen war. Das wird schwieriger und schwieriger, je mehr ich mich selbst am Bau des Netzes beteilige. In den Monaten, bevor ich hierherkam, habe ich mir insgeheim oft gewünscht, du hättest mich gebeten, nicht zu gehen. Vielleicht war das sogar der verborgene Motor, der all mein Bemühen antrieb: der Wunsch, du würdest einmal, nur einmal, verzweifelt und verliebt genug sein, um meine Freiheit anzutasten und mich festzuhalten.

Im Sommer 2017 haben du und ich in Wien am Alsergrund auf einem kleinen Platz gesessen, unweit von Freuds Wohnhaus und Praxis in der Berggasse, und einen Kaffee getrunken. In diesen Tagen stieg die Temperatur in der

Mittagszeit immer über dreißig Grad, die Blätter des Baumes über uns hingen schlapp herunter, jemand bespritzte seinen lethargischen Dackel mit Wasser aus einem Plastiknapf. Wir hatten uns gestritten, darüber, dass du für meinen Geschmack nicht genug Begeisterung und Interesse gezeigt hattest für die Stadt, den Zentralfriedhof, Freuds Arbeitszimmer und ganz eigentlich, fand ich, für mich. Diese Lustlosigkeit, die sich immer wie ein Affront anfühlt, eine Zurückweisung. Als könntest du dich sehr wohl freuen, nur nicht mit mir. Als würdest du mir das nicht gönnen. Als wolltest du mir das nicht auch noch in die Hand geben. Während der ersten Monate mit dir hatte ich diese wiederkehrende Angst, du würdest in Mexiko eine Familie haben, Frau und Kind, und es mir einfach nicht sagen. Es gibt etwas in dir, das eifersüchtig darüber wacht, nie zu viel von dir preiszugeben. Aber in Wien, in der Mittagsträgheit - der Pan'sche Schrecken, der in die Herden von Schafen und Ziegen fährt, um sie aufzuscheuchen -, hast du mich angeschaut und gesagt: »Ich will dir etwas sagen, damit es kein Geheimnis zwischen uns bleibt.«

Ich muss doch schon einmal zuvor so unglücklich gewesen sein, denke ich. Dann fällt mir aber keine Zeit in meinem Leben ein, in der ein so bestimmter, so beharrlicher Schmerz sich breitgemacht hätte in mir. Es gab auch noch nie so eine Klarheit darüber, nie etwas, was so eindeutig verloren gegangen wäre. Noch erscheint es mir unmöglich, gegen alle Gesetze verstoßend, an die ich geglaubt habe, dass ich von nun an ohne dich weitermachen soll. Zugleich: wissen, dass es eine Banalität ist. Menschen tun es jeden Tag - sich verlieben, miteinander schlafen, an das Funktionieren miteinander glauben, sich auseinanderleben, sich verlieren, sich trennen. *Diamonds & Rust* eben. Auch Heines frühe Gedichte handeln ja von fast nichts anderem. Wie aber kann ich die Gewissheit, an einer geradezu universellen Erfahrung teilzuhaben - denn enttäuscht von der Liebe werden wir ja alle, auch die, die zusammenbleiben, durch den Alltag die meisten, manche durch den Tod -, in Einklang bringen mit dieser intimen, spezifischen Erfahrung, regungslos auf der Fensterbank zu sitzen, das eigene Leben um mich her so fremd, fremd der Impuls, die Postkarten aufzustellen im Regal über dem Schreibtisch, und fremd die Hände, die heute Morgen den Schlafanzug gefaltet und das Bett gemacht haben, fremd und zugleich ekelhaft vertraut; ich weiß genau, in welchem Buch das Foto von dir und mir aus der Schweiz versteckt ist (in *Known and Strange Things* von Teju Cole), ich weiß, dass ich noch das Zeitungspapier im Mülleimer (*big issue*) von den benutzten Kaffeebechern trennen und meine Schuhe, die im Schrank stehen, putzen muss - all diese Dinge gehören ja zu mir, warten sozusagen sehnsüchtig darauf, dass ich mich ihrer wieder annehme, aber ich sitze da und kann nicht. Kann einfach nicht meinen Körper aufheben und diese Handgriffe verrichten, das Einzige, was ich gerade so tun kann, ist, sie aufzuschreiben.

Im Lesekreis zur Frankfurter Schule sind wir im Oktober auf Adornos und Horkheimers Beschreibung der Ehe als ein solidarisches, gemeinsames Dem-Tod-Standhalten zu sprechen gekommen. Wir saßen im Hovenden Room in All Souls um den großen, ovalen Tisch, vor uns ausgebreitet Wein und Käse und Papier. Die meisten fanden sowohl die Vorstellung von Ehe als vergeltende Ordnung des Lebendigen schrecklich als auch ihre Ausrichtung auf den Tod, aber als ich gesagt habe, für mich wäre das die romantischste Vorstellung überhaupt, war das nur zum Teil als Witz gemeint.

Für Adorno und Horkheimer ist dieses Sich-gegen-den-Tod-Stemmen ja einerseits die Wurzel allen Übels (unser Wunsch, dem Tod zu entkommen, reitet uns erst richtig in unsere Sterblichkeit hinein), aber andererseits taucht es in der *Dialektik der Aufklärung* neben dem Wort »solidarisch« auf, und von der Solidarität schreibt Adorno später in der *Minima Moralia*, sie deute so etwas wie einen Ausweg an, heraus aus dem Dilemma zwischen absoluter Subjektivität und dem Aufgehen in einer gesichtslosen Masse.

Ich muss auch daran denken, wie Holm Tetens immer versucht hat, uns ganz im Sinne Montaignes eine Philosophie beizubringen, die Sterben lernen bedeutet. In seinen letzten Vorlesungen hat er einen rationalen Gott entworfen, der schwer zu ertragen ist, aber vielleicht dennoch angenommen werden muss. Wie ich im Hörsaal gesessen und ihm zugehört habe, als du in Mexiko warst, und wie ich eine Postkarte an dich geschrieben habe, die ich zuvor am Kiosk im Foyer gekauft hatte. Darauf war ein Haus, halb verborgen hinter orangefarbenen Blättern. Ich hoffe, du hast die Karte immer noch zwischen den Büchern in deinem Regal stecken. Ich hoffe, du suchst immer noch nach etwas, was, wie der in den Rissen lauernde Gott, auch dich aus der Leichtigkeit erlöst.

Lara hat behauptet, im Café Wendel habe sie früher das Philosophen-Frühstück bestellt und auch bekommen: einen schwarzen Kaffee und eine Zigarette. Wir waren einmal da, sie und ich, irgendwann im Herbst 2012, als sie gerade nach Berlin in Maltes leere Wohnung gezogen war. Erinnerst du dich an diese Wohnung? Wir haben oft in der Küche gesessen, bis spät in die Nacht hinein, wenn Lara sich schon schlafen gelegt hatte. Du hast mir Charles Mingus vorgespielt, »The Black Saint and the Sinner Lady«, und ich habe über Rilke gesprochen, die *Aufzeichnungen des Malte Laurids Brigge*. Irgendwann bist du durch den Schnee (das ist der letzte Winter gewesen, in dem es wirklich viel und lange in Berlin geschneit hat) die Straße hinauf in deine Wohnung gelaufen. Wir haben oft über Heidegger gesprochen und über Kafka und die *Duineser Elegien*. Du hast damals gesagt, dass du an mir magst, wie ernst ich die Dinge nähme. Manchmal sind wir während des Uni-Tags spazieren gegangen, nach Dahlem-Dorf in die Buchhandlung Schleichers oder zur Uni-Bibliothek und zurück zur Rost- und Silberlaube. Wir haben uns regelrecht in Rage geredet beim Gehen und plötzlich waren wir in den eisigsten Höhen. *Heute besteigen wir den Parnass.* Das habe ich damals auf die erste Seite meines Notizbuches geschrieben.

Und vor den Anfang der Geschichte, die ich dann da hineinschrieb: *Für dich, trotz allem, wegen allem.*

Es kommt mir wieder und wieder so vor, als würde die Zeit sich verästeln, Wildwuchs treiben, parallele Wege ins Dickicht der Wirklichkeit schlagen, genauso wie Bruno Schulz das in seiner Erzählung von den Zimtläden beschreibt. Wenn ich an Orte zurückkehre, die mir einmal vertraut waren - die Knesebeckstraße (auf diesen breiten Bürgersteigen habe ich laufen gelernt), das Haus meiner Eltern in Köln, die U-Bahn in Köln (besonders im Sommer und besonders die Linie 1), der Berliner Zoo, die Eingangshalle in der Traunsteiner Straße Nummer 3, die ganze Gegend zwischen Barbarossaplatz und Viktoria-Luise-Platz im Nordwesten von Schöneberg eigentlich, dann kann es vorkommen, dass ich so etwas wie einen schnellen Schatten um die Ecke verschwinden sehe, einen blauen Schal, einen ausgefransten Mantel, dann kommt es mir so vor, als hätte eine Art Abspaltung von mir niemals aufgehört, hier zu leben. Als würden in vielen - wenn auch nicht allen - Augenblicken unseres Lebens Abbilder von uns abfallen, die dann in aller Ruhe und Gelassenheit das weiterführen, was wir einmal, ziemlich unbedacht, dort begonnen haben. Als müsste ich mich nur im richtigen Moment umdrehen, um gerade noch mein zwölfjähriges Selbst zu erwischen, das an einem Dezembermorgen von der Bushaltestelle des Busses Nummer 101 in die Podbielskiallee einbiegt. Im Internatspark der Königin-Luise-Stiftung haben sie eine der Tannen mit einer Lichterkette geschmückt, sie leuchtet mir entgegen durch die Dunkelheit. Das Warten bei der Pforte, ehe sie die Türen aufsperren, und dann dieser Moment, als eine der Ersten in das noch dämmrige, stille Schulhaus zu huschen, diese hochflackernde Freude und Erwartung. Jemand sein, jemand werden, mit Füller schreiben. Eine richtige Handschrift ausbilden, die einer Schriftstellerin in dunklen Kleidern gehören könnte. Ich habe es geliebt, hier Schülerin zu sein, für mich war es, als hätte man mich eingeweiht in etwas Großes und Sinnvolles. Fast wie das Badiou'sche Ereignis, das einen überhaupt erst zum Subjekt macht: Shakespeares *The Two Gentlemen of Verona* in der Theater-AG, die Schülerzeitung, *Sturmhöhe* lesen, die dämmrige Aula, auf der Standuhr davor die gemalten Nymphen und das Stundenglas, die Schülervertretung. Schon ein Jahr später sind wir aus Berlin weggezogen und ich musste all das zurücklassen, aber wenn ich heute dort am Tor vorbeigehe, dann bin ich mir fast sicher, dass es eine Variante von mir gibt, keinen Tag älter als zwölf, kein bisschen mehr Horizont, deren Hände sich über den Collegeblock bewegen, die kalte Oberfläche der Tischplatte spüren, ein Ich, das da sitzt an einem Nachmittag im Klassenzimmer, Erdgeschoss links, rausschaut in die kahlen Pappeln drüben beim Sportplatz, dann zurück aufs Papier. Sie wird nie wissen, was noch kommen wird, und mich deshalb immer mahnen. Als hätte ich, die Spätere, es versäumt, auf sie zu hören. Als hätte ich vergessen, was für sie die größte Bedeutung hatte.

Manche dieser Abende, wenn das Licht noch bleibt, obwohl die Sonne schon untergegangen ist, die Vögel noch singen, auch wenn sich alles bereits so vergeben und vergeudet anfühlt, all diese langen Spaziergänge durch Dahlem, du und ich, im Frühling 2013, manchmal mit einer Flasche Wein über die Felder der Domäne Dahlem, nie richtig nach Hause kommen wollen, ich war aufgefressen und betört von dir, ich wollte nie mehr schlafen, wieder und wieder habe ich in den Nebenstraßen geweint, manchmal sind wir die ganze Bundesallee bis zu mir nach Schöneberg gelaufen, dann schon Nacht, der süße Duft erst der Kastanien und später im Jahr der Linden, die Blüten in der Dunkelheit wie Porzellan. Jedes Mal, wenn ich schon denke, ich kann auch weiterleben ohne dich, dann kommt so ein Abend und ich will dagegen anstürmen, wieder und wieder, wie eine Wahnsinnige, wie eine wirklich Verrückte, die nicht einsehen kann, dass du in mir nicht mehr finden wirst, was du suchst.

So erkläre ich das Schreiben meinem Vater: Es schreiben die Einsamen, indem sie sich ein Ich außerhalb ihrer Selbst schaffen und mit ihm ein Gespräch anfangen. Die Einsamkeit, geerbt von meiner Mutter, sitzt innen und dringt nach außen, bildet ihre eigenen Gesten aus, ihre eigene Sprache. In diesen Stunden an meinem Schreibtisch sitze ich in ihr und habe sie zugleich bei mir wie eine Krankheit oder einen Schoßhund oder einen Fetisch, eine Pfeife vielleicht, Gebetsperlen.

Gegenüber, im Südflügel des Colleges, stehen im Treppenhaus zwei Menschen, eine oben auf dem Treppenabsatz und einer unten. Seit einer halben Stunde scheinen sie sich zu unterhalten. Beide tragen Jacken und Schals, ich weiß nicht, ob sie aus ihren Wohnungen gekommen oder gerade von einem Spaziergang zurückgekehrt sind, als ich zum ersten Mal hinübergeschaut habe, standen sie schon so da. Vielleicht kam auch die eine und der andere ging.

Die Gebäude von Wolfson wurden 1974 erbaut, ein Jahr ehe Foucault in *Surveiller et punir : Naissance de la prison* die alte Idee des Panoptikums als Metapher wählte, um die moderne Gesellschaft zu beschreiben. Die drei Höfe des Colleges, der Berlin Quad, der Tree Quad und der River Quad, funktionieren nicht ganz so wie panoptische Rundbauten, in denen man jederzeit beobachtet werden kann, schließlich gibt es Vorhänge, außen dunkelblau und innen weiß. Wenn ich sie allerdings nicht zuziehe, dann kann ich sehr wohl zusehen, wie am frühen Abend im Lower Common Room die Leselampen angehen. Vor großen Abendessen stehen Gruppen von Menschen zusammengedrängt auf der Dachterrasse des Upper Common Room und rauchen, manchmal winken sie zu mir herüber, wenn sie mich auf dem Bett oder am Schreibtisch sitzen sehen, manchmal winke ich auch zurück.

Malte schreibt mir, er sei gerade auf dem Weg nach Potsdam und würde an mich denken. Wie wir im ersten Semester nach einer durchgemachten Nacht hinaus nach Sanssouci gefahren sind. Ich sehe ihn jetzt vor mir, in Fahrtrichtung sitzend, Wintersonne im Gesicht. Die S-Bahnstrecke zieht eine gerade, goldene Linie durch Friedenau, Steglitz, vorbei an der Feuerbachstraße, wo wir früher einmal gewohnt haben, durch Dahlem, vielleicht sitzt du dort in der Bibliothek an diesem Sonntagnachmittag, atmest aus, schaust auf von deinem Buch (Hegels *Logik*, »Sein, reines Sein, – ohne alle weitere Bestimmung«) und die S-Bahn fährt weiter durch Lichterfelde, raus, dorthin, wo der Wald und die Schrebergärten beginnen. Dann irgendwann die Schlösser, das Haus von C.s Eltern, der Garten. In dem Winter, bevor meine Familie nach Köln zog, waren wir einmal auf dem zugefrorenen Heiligen See Schlittschuh laufen. Die matte, endlose Eisfläche, lila Flecken tanzten darauf, wenn man zu lange in die Sonne schaute, eine Schicht Pulverschnee, durch den die Kufen dunkle Riemen zogen, dahinter das Marmorpalais. Und dann, viel später, wie wir uns das Leben ausgemalt haben, Malte und ich, in dem Weißweinwinter zwischen 2010 und 2011: alles Schuhcreme und Goldlack, Absinth im Schwarzen Café, die endlosen Freitagnachmittage in der Gemäldegalerie. Anfang Januar sind wir wieder dorthin gegangen, so lang bin ich nicht mehr da gewesen. (Ich weiß genau, wann zuletzt: in der einen Woche im Sommer 2013, als du noch in Italien warst mit deinen Eltern, mir eine Karte aus Rom schicktest und ich dachte, ich würde ein Kind von dir bekommen. Wie benommen bin ich jeden Tag mit dem Fahrrad die Potsdamer Straße hinaufgeradelt und habe in der Kunstbibliothek unten im Kulturforum meine Hausarbeit über die Pietà von Bellini

geschrieben. Manchmal bin ich hinaufgegangen und habe sie mir angeschaut. Man nennt sie auch die Engelspietà, wegen der zwei Kinderengel, die statt – wie sonst üblich – Maria und Johannes den toten Jesus halten, der aussieht, als schlafe er bloß. Die Berliner Pietà ist die dritte, die Bellini in der zweiten Hälfte des 15. Jahrhunderts malte. Immer reduzierter sind die Bilder geworden, immer mehr der Erde entrückt. Die Engelspietà ist schließlich nur noch Ideenmalerei: Der Engel mit den geöffneten Lippen, der zu flüstern scheint, ist eine Art Stellvertreter für das Wort, der andere Engel, der den Körper Jesu stützt, steht für das Fleisch. In Wahrheit ist es also ein Inkarnationsbild. Das Geborenwerden tritt in den Vordergrund, nicht die Passion, das Sterben. Als würden die Engel auf dem roten Tuch einen schlafenden Säugling präsentieren und nicht einen gefolterten, erwachsenen Mann, eine Leiche.)
Und dann in diesem Januar standen Malte und ich wieder vor den gleichen Bildern – links die südalpinen, rechts die nordalpinen – und nichts hatte sie verändert, sie waren vielleicht ein wenig dunkler geworden oder heller, aber das war es auch schon, und waren wir denn wirklich so anders? In zehn Jahren wird es vermutlich alles mehr oder weniger ineinanderlaufen, so wie ich jetzt schon kaum auseinanderhalten kann, was ich getan habe, als ich vierzehn, und was, als ich sechzehn Jahre alt war.

Ich höre John Cages »In a Landscape (for Piano or Harp Solo)«. Wie das angeflogen kommt, diese Schwünge am Anfang, und plötzlich muss ich laufen. Plötzlich kann ich mir nicht schnell genug den Mantel anziehen, den Schal binde ich mir halb auf der Treppe um. Der Schlamm in den Auen ist festgefroren, sodass man leicht über die Wiesen gehen kann. Die Kühe werden auf mich aufmerksam und schauen mir nach. Ich könnte auf sie zulaufen – sie sind nicht sehr scheu – und ihre Gesichter berühren, diese schönen, geduldigen Kuhgesichter, die man – wie alle Gesichter von sogenannten Nutztieren – nicht ansehen kann, ohne an etwas aus der Kindheit erinnert zu werden.

In Hans Falladas Erzählung »Blanka. Eine geraubte Prinzessin« verliebt sich ein Junge in eine Kuh, mit der er den Sommer auf der Weide verbringt. Als sein Vater sie verkaufen will, versteckt der Junge Blanka im Wald. Dort lebt sie von da an und frisst das harte Gras und der Junge besucht sie, sooft er kann. Wenn es regnet, schaut er aus dem Fenster und denkt:

> [D]a liegt sie draußen, die Blanka, und ich hier. Auch das war ein Rätsel, dass man eines liebte, an es dachte und getrennt war von ihm. Es war so eine dicke, greifbare Sache, die die andern sich ausgedacht hatten. Gewiss, mit den Augen, nach dem Verstande war es so, dass sie dort war und er hier. Aber war es nicht vielleicht doch unwahr? Lag er nicht etwa auch neben ihr in der Mulde, die er für sie gegraben, unter dem Tannendach, das er für sie geflochten? Er war hier und er war dort. Das war die eigentliche Wahrheit. Ebenso wie Blanka hier und in einer andern Welt war. So ging das zu.

Die Geschichte endet mit der Entdeckung und Demütigung. Mit dem geballten Ekel einer Gesellschaft, die argwöhnisch über die Grenze zwischen den Spezies wacht und jedem Kind die Verliebtheit in die Tiere, diese scheinbar mühelos entstandene Verschwisterung, austreiben will.

Es gibt etwas in mir, das holen nur die Tiere hervor. Eine Art von Weichheit und Wut. Ich lege den Kopf in den Nacken und sehe einem Raubvogel zu, der gelassen in der Luft ruht und sich von der Thermik tragen lässt, ich beobachte die Enten, die am Ufer liegen und meine Bewegungen genau registrieren, mit auf der Schulter ruhenden Köpfen und einem offenen Auge, und ich denke, sie vermögen das Leben ganz gut ohne mich zu meistern, aber ich vermag es nicht ohne sie. Der Teil von uns, der Tier ist, lässt mich immer ehrfürchtig zurück, so schmal er auch geworden ist. Es ist die Stelle, an der die Grazie und die Selbstvergessenheit liegen. Wenn ich das Tier in dir und mir gesehen habe, dann waren das Momente, in denen ich so froh war, diesem zerfaserten Ich entkommen zu sein. Dann wurdest du ein schönes, stolzes Wesen und ich eine Kreatur, die sich streckte und wand und genoss, auf den Zehenspitzen zu stehen, immer todesmutig und im Schwung begriffen. Da sein, dort auch.

Das Gefühl, man müsse nun nichts mehr schreiben – ein komisches Glück –, weil August von Platen alles schon in seinem *Tristan* gesagt hat, was man eventuell zu sagen gehabt hätte: »Wer die Schönheit angeschaut mit Augen, ist dem Tode schon anheimgegeben.« Von da an schleift man etwas hinter sich her, etwas hat sich im Saum des Mantels verfangen. Das hat man aus der Wüste mitgebracht: Erleichterung darüber, sterblich zu sein. Zu wissen, dass dieser Körper so locker zusammengesetzt ist, dass schon ein Windstoß und ein Fieber genügen. Dieser Kopf beweglich auf dem Hals, wie der einer Marionette, oder umgekehrt: Man dachte immer, die Marionetten sähen den Menschen oder Tieren zwar ähnlich, aber die Fäden an ihren Köpfen, Händen und Füßen und dort, wo die Wirbelsäule endet, würden sie deutlich als Puppen ausweisen. Diese Vorrichtungen wären irgendwie notwendig und ihre ruckartigen, hüpfenden Bewegungen nur so, weil es nicht anders ginge. Aber ganz im Gegenteil: Genau dieses Herumstrampeln an Fäden und wie sich dabei die einzelnen Segmente des Holzkörpers voneinander trennen – das macht die Verwandtschaft der Marionetten mit uns aus. Meine Hände, die sich über die Tastatur bewegen, gehören schon zur Hälfte nicht mehr mir.

Im Bus zum Flughafen in mir dieser starke Wunsch, einfach weiterzufahren, jahrelang. Sich wie die Menschen im Neolithikum über den Erdball auszubreiten. Wandernde Füße und offene Hände. Die Sonne auf- und untergehen, den Mond zu- und abnehmen zu sehen und wie die Sternkonstellationen ihr Bild wechseln. Während ich dann im Terminal sitze und warte, schickst du mir ein Foto von dir selbst, wie du in einer weinroten Jacke in einen Spiegel schaust.

Ich finde dich so schön, es trifft mich wieder und wieder, dieses Glück, in dein Gesicht zu sehen. Als wäre darin etwas zu finden, das sich nicht ausdrücken, nicht übersetzen lässt, etwas in dem Schwung deiner Augenbrauen, der Krümmung deiner Nase und der Form deines Mundes. Als wäre das ein Zeichen. Etwas, auf das ich immer wieder werde antworten müssen.

Ehe wir in Deutschland landen, sehe ich etwas Vereinzeltes in der Dunkelheit leuchten – ein Fußballplatz im Flutlicht vielleicht? Ein Containerschiff auf dem Meer? Ich muss daran denken, wie ich in den frühen Morgenstunden über Mexiko-Stadt geflogen bin (»D. F.«, höre ich es in deiner Stimme sagen, so wie die Mexikaner ihre Hauptstadt nennen, »De Effe«), unter mir diese dicht gedrängten, flackernden Lichter, aufgespannt von einem Horizont zum anderen, eine Stadt, deren ungeplanten Siedlungen sich immer weiter ausbreiten, bis an die Ränder des Rollfelds, darum herum und darüber hinaus, weiter nach Westen, in die nicht enden wollende Nacht.

Als der Bus vom Flughafen die Stadt gen Süden hin verließ, wurde der Himmel langsam blau. Es war der 12. Dezember, der Tag der Virgen de Guadalupe. Menschen strömten zusammen, viele hatten am Straßenrand geschlafen, in ihren Autos oder unter freiem Himmel, jetzt standen sie in kleinen Gruppen um Wägelchen herum, die Frühstück und Kaffee verkaufen. Auf dem ganzen Weg nach Puebla, in den Hügeln und Tälern, sollten uns Pilger entgegenkommen, die meisten von ihnen junge Männer, zu Fuß unterwegs oder manchmal auf Fahrrädern oder auch auf den Ladeflächen von Pick-ups, immer mit einem Bild der Madonna, hoch erhoben in den Händen oder vor die Brust gehängt.

Ich denke, ich verstehe jetzt, dass ich besessen von dir war (und es wohl noch immer bin, wenn das, was ich hier schreibe, irgendein Indiz liefern kann, darüber, wie es in mir ausschaut). Aber du bist ein freier und wilder Mensch, »rien faire comme une bête«. Man kann dich nicht zwingen und nicht einlullen mit Liebe. Für mich aber ist diese Liebe die wehende Fahne auf dem Hügel, eine Fackel ohne Zustimmung, ein absolutes *Es muss*. Du bist für mich der Fluss gewesen, von dem Deleuze und Guattari sagen, dass er seine beiden Ufer unterspült und in der Mitte immer schneller fließt.

Am Meer, da wo sich Blau mit Weiß vermengt, stehe ich und denke: Wenn das hier eine Geschichte werden soll, dann muss sie ja irgendwie weitergehen. Dann muss etwas passieren.

2.

Normaler Einstieg. Das habe ich tatsächlich oben auf das Dokument geschrieben. Ich will einen normalen Einstieg, einen, der einigermaßen nüchtern erzählt, wo ich bin, wie es hier so aussieht, wer mit mir da ist. Anscheinend ist er mir selbst nicht ganz geheuer, dieser trübe Gedankenstrom, den ich da losgelassen habe. Nun also das, was man vernünftigerweise zu sagen hätte: Ich bin mit meiner Familie nach Dänemark gefahren, auf die Insel Rømø, in ein Haus hinter Dünen. Es gibt einen sehr breiten Strand da draußen, einen Nadelwald, der bis an die Terrasse heranrückt, einen großen, blassen Himmel. Im Haus sechs Zimmer und ein Schwimmbad. Eigentlich hättest du hier sein sollen, im Bett neben mir. Vielleicht würdest du es sogar mögen. Es ist sehr kalt, sehr weit. Die Gänse, die sich schon auf dem Rückflug nach Norden befinden und auf der Wiese hinter dem Haus rasten, liegen ganz ruhig, schauen einen nur mit einem Auge an, den Kopf halb unter dem Flügel verborgen, wenn man vorbeigeht. Gerade höre ich meine Schwester Sarah und meine Nichten Kira und Emmy hereinkommen und in der Küche auf meine Mutter treffen, bestimmt gibt es bald Kaffee und Kuchen.

Der Winter hält sich hartnäckig dieses Jahr und zögert lange. Um Hamburg herum lagerte in den Straßengräben und an schattigen Waldrändern noch Schnee. Am Nachmittag, als wir auf der Insel ankamen, begann es zu regnen. Wir schleppten die Koffer und Taschen durch den weichen Schlamm der Auffahrt und in das weiße Wohnzimmer hinein. Der Regen ist nun übergegangen in einen Nebel, dicht und lebendig, der alles verschließt, alles stilllegt und weiß macht, am Strand das Echo von Hundegebell aus dem Nichts. Plötzlich der Ruf eines Vogels dicht hinter mir, ein Trillern. Es ist eine abgedämpfte Welt da draußen. Ich bin erleichtert darüber, dass der Frühling doch noch auf sich warten lässt. Der Winter gewährt mir eine Art Reprise, indem er über seine gewohnte Zeit hinaus andauert. Als würden sich die Jahreszeiten mal wieder bemerkbar machen, gerade dann, wenn ich sie brauche. Ich kann von ihnen geschluckt werden, ich kann in sie hineingehen wie in eine Landschaft, mich an einen Baum lehnen oder verstecken.

Vor fünf Jahren, als wir uns gerade kennengelernt hatten, bin ich mit meinen Eltern in Ahlbeck an der Ostsee gewesen. An dem Tag der Reise habe ich noch einen fadenscheinigen Grund gefunden, um in die Uni zu fahren (ein Buch in der Bibliothek zurückgeben?), weil ich dich sehen wollte. Wir haben ganz oben im Treppenhaus des Peter-Szondi-Instituts auf dem Boden gesessen und uns geküsst, mit geschlossenen Augen und einer großen Freiheit – der Geschmack deines Mundes, mild, immer mild, ein wenig nach Rauch und auch nach Schlaf. Ich weiß noch genau, wie ich hinterher nach Schöneberg zurückgefahren und in die Traunsteiner-Straßen-Wohnung gekommen bin, in der meine Eltern auf mich warteten. Wie ich das Gefühl von

Dringlichkeit und Triumph mitbrachte, als hätte man alles ein wenig aufgedreht, die Farben, das Tempo. Die Tage an der Ostsee waren dann kristallin – tiefblauer Himmel, Eisschollen auf dem Meer, der Blick von meinem Zimmer über den leeren, starren Strand und auf die vereiste Seebrücke. Ich saß am Tisch und schrieb über die Spiegel-Szene im *Malte Laurids Brigge*, diesen Moment, in dem das Kind Malte sich mithilfe von allerlei Tüchern und Masken vor dem Spiegel zusammensetzt. Sich anschaut als etwas ganz Fremdes, zu dem man dann Ich sagen kann. Ich hatte seit etwa zwei Jahren darüber schreiben wollen, jetzt ging es leicht von der Hand und gefiel mir. Ich dachte an dich, während ich am Achterwasser spazieren ging oder in der Therme schwimmen war. Ich malte mir aus, was alles auf uns zukommen würde. Du würdest dich von C. trennen, wir würden in einem Nachtzug sitzen, der die Donau entlangratterte, aufwachen mit den ersten Sonnenstrahlen, uns lieben. Ich lief auf meiner Bahn »freudig wie ein Held zum Siegen«.

Du bist krank, seit Tagen geht es dir schlecht, schreibst du mir. Ich weiß nicht, was ich dazu sagen soll, denn es ist nicht so, als wäre mir das auf einmal egal, ganz und gar nicht. Aber, denke ich, ist es nicht so, dass wir mit dem Ende der Beziehung genau diese Zufluchts- und Zuspruchsaufgaben einfach nicht mehr füreinander übernehmen können? Hast du das nicht gewollt? Hast du das nicht gewusst? Mit der Trennung tritt der Vertrag zutage, den eine Beziehung immer bedeutet (eine Beziehung, nicht Liebe! Liebe ist da offenbar anders, viel anschmiegsamer und ungebunden und schrecklich unbeugsam) und in dem eine Klausel lautet: Ich kann nun nicht mehr die kühle Hand auf deiner Stirn und die Stimme in der Nacht für dich sein, auch wenn ich es gern wäre. Auch wenn ich nichts lieber wäre, eigentlich, auch wenn ich nicht schlafen kann, weil ich an dich denke, krank und allein, und am liebsten aufspringen würde, um zu dir zu rennen. Aber wir haben uns doch entschieden, will ich dir sagen und bringe es nicht über die Lippen, wir haben doch beschlossen, diese Menschen nicht mehr füreinander zu sein. Nie werde ich dir also erzählen von dem Vogel, der gerade in die Einfahrt hineinsegelt, sich wie fein gezeichnet aus dem Nebel hervorarbeitet und dasitzt, schwarz und glänzend, inmitten all des dumpfen Braun und Grün und Grau. Ich kann diese Dinge nicht mehr mit dir teilen, hörst du, ich muss sie herüberretten, einigermaßen intakt, in ein neues Leben ohne dich.

Die Gärten der Finzi-Contini habe ich in dem Antiquariat auf der Bergmannstraße gekauft. Ich war mit Lara an den Auslagen vorbeigelaufen, die wegen des Schnees unter Plastikplanen lagen, sie hatte das Buch entdeckt und mir empfohlen. Auf die erste Seite schrieb ich *denn das war der Tag und das war der Schnee* und sie darunter (ihre selbstbewusste und geübte Architektinnen-Handschrift): *Berlin, Januar 2013.*

Die Gärten der Finzi-Contini erzählt davon, wie eine Liebe nie ihren richtigen Moment findet. Dem wollte ich entgehen. Ich habe mir damals ein Herz gefasst und dir, auf dem Weg von der Uni zum U-Bahnhof

Oskar-Helene-Heim, das gesagt, was der Erzähler der *Gärten* seiner Liebe Micòl Finzi-Contini erst viel zu spät sagt. Ich habe es nicht besonders elegant hervorgebracht und am Ende so etwas nachgeschoben wie: »Entschuldige, ich kann es einfach nicht deutlicher sagen.« Das fandst du, wie du mir später erzählt hast, lustig und rührend, weil es so ungeplant doppeldeutig war: Ich hatte vollkommen unklar und doch überdeutlich gesagt, dass ich dich liebe. Ich war mutig und ungeschickt. Ich wollte in den Garten, um jeden Preis. Ich hatte gehofft, mich mit aller Kraft in diese Liebe zu werfen, würde uns beide retten. Ich hatte gedacht, wir könnten die Fiktion überlisten, du und ich, gedacht, wir könnten entkommen.

An der Südspitze der Insel lagert die Strömung immer mehr Schlamm und Sand ab, dort bildet sich vor dem Deich und den Dünen der kilometerbreite Haffsand. Ich gehe über festen Schlick und durch handbreites, rötliches Wasser, den Blick auf den Boden geheftet, um nicht in die tiefen, kleinen Tümpel zu treten und nasse Füße zu bekommen. Man verliert das Zeitgefühl hier draußen. Man meint, es könnte immer so weitergehen. In einiger Entfernung laufen die Fischkutter aus, entlang der Fahrrinne, die vom Hafen an der Ostküste ins tiefere Wasser im Süden führt. Ihre Motorengeräusche sind der einzige Laut, den man an diesem Nachmittag auf dem Haffsand hört, selbst die Vögel - Gruppen von Möwen, die man weiter draußen auf den Sandbänken sieht, und kleine, mir unbekannte Vögel, die in den Dünen leben - sind still. Es ist alles so abgestorben hier, so verwaist: das Heidekraut braun verwittert, das Strandgras nass und niedergedrückt von einer Sturmflut, die noch nicht lange zurückliegen kann, sodass man darauf läuft wie auf dem Pelz eines großen Tieres. Klumpige Austern ragen aus dem Schlamm, immer wieder sind Teer und Ölspuren über den Strand geschmiert, Plastikfetzen, die man erst für helle Muscheln oder Seepflanzen hält, entpuppen sich beim Näherkommen als Müll. An der äußersten Spitze des Landes finde ich einen abgetrennten Möwenflügel.

Am ersten Abend lese ich Esther Kinskys *Hain* zu Ende. Einen »Geländeroman« nennt Kinsky es, ein Totenbuch ist es aber auch. Es hängt ja beides eng zusammen, soviel habe ich in den letzten Jahren des Lesens gemerkt. Die Toten gehören nämlich nicht in die Städte, sondern in die Wälder, Flüsse und in den Zug einer Bergkette. Zu Aeneas sagt die Cumäische Sibylle bei Vergil:

> Drum wenn solch ein Verlangen dem Geist, wenn solche Begierde ist, / Zweimal zu schwimmen auf stygischer Flut, und des Tartarus Dunkel / Zweimal zu schaun, wenn Freude dir schafft solch thörichte Kühnheit: / Lerne, was Not ist zuvor. In dumpfiger Dichte des Baumes / Sproßt mit goldener Windung ein Zweig und goldenen Blättern, / Drunten der schrecklichen Juno geheiliget. Diesen bedeckt rings / Wildernder Hain, ihn schließen in dämmernde Schatten die Thäler.

Auf dem Weg zur Unterwelt liegt also der Hain, in dem man unsicher wird, was der Vergangenheit wirklich anheimgegeben ist und was noch bei uns bleibt.

Mir gefällt, wie rau und absurd hier draußen alles ist. Ein wenig Beckett'sche Medizin ist das, eine Trübheit, die mich tröstet. Heute Morgen, während ich mit geschlossenen Augen im Whirlpool saß, um mich nach dem Schwimmen aufzuwärmen, kam es mir noch so sinnlos vor. Dieses Aufstehen, Frühstücken, Schwimmen, Sich-Aufwärmen - wie etwas, für das man sich wirklich kaum entscheiden kann. Jetzt, im Schlamm, und während ich über die Ufersteine und durch den Deich kraxle, denke ich, dass ich mich auch nicht zu entscheiden brauche, weil ich hier, am Ende der Welt, ausharren kann. Einfach bleiben, dem Meer zusehen. Da ist wieder diese Sehnsucht, wie als Fee und Malte und ich kurz vor Weihnachten in Fees Bett in Edinburgh lagen, Palo-Santo-Geruch, Kränze aus Efeu und Immergrün an den Wänden. Wir waren an dem Tag den Fluss Almond entlanggewandert, bis dorthin, wo er in den Firth of Forth mündet, gegenüber von Cramond Island. Über der Mündung und den Sandbänken, auf denen große Vogelschwärme saßen, steht ein kleines Haus, ein Cottage in einem Garten, tibetische Gebetsfahnen flattern am Dachfirst. Wir haben uns ausgemalt, dort zu wohnen. Immer wieder nach Hause zu kommen, fernab der Welt. Nirgendwo mehr hinzumüssen.

Manchmal der Wunsch, das alles hier könnte schneller gehen. Ganz bloß und brutal. Die Desintegration, meine ich. Wenn man einmal dem Meer Tür und Tor geöffnet hat – Wellen über der Schwelle und am Fuß des Bettes. Wie unerträglich es ist, man selbst zu bleiben. Wagner hat mich gewarnt: »ertrinken, versinken, unbewusst, höchste Lust«, auch Tolkien hat mich gewarnt: »Beware of the Sea! If thou hearest the cry of the gull on the shore, thy heart shall then rest in the forest no more.« Es gibt diese Verlockung, sich das Leben ekstatisch auszuziehen wie Kleidung. Der schmale Grat, auf dem man wohl stehen muss (mit Wind im Gesicht), zwischen hingerissen werden und doch daran festhalten, etwas zu sein und sich aus den Dingen etwas zu machen. Bei Adorno muss das Subjekt schließlich überwunden werden, aber nicht einfach eingestampft und kleingeredet. Stattdessen blickt man auf die andere Seite des Tals. Dem Ganzen seinen wahren Wert geben, indem man ihm nicht zu viel Wert gibt also. (Wie lächerlich man sich auch dabei fühlt, es aufzuschreiben. Es ist ja altbekannt, die Wirklichkeit hat sich ja schon eine ganze Weile nicht mehr grundlegend geändert. Dann noch gegen den Vorwurf der Redundanz aufbegehren wollen mit einem beleidigten *Aber es ist trotzdem wahr!* – als müssten Wahrheiten gebetsmühlenartig wiederholt werden, weil sie sonst durch die Atmosphäre hinaus entweichen und ihre Wirksamkeit verlieren könnten. Als hätte es irgendeinen Mehrwert, zu sagen: »Das Meer ist voll Salz, der Himmel ist blau, man will nicht sterben und sterben.«)

Unterhalb des Hafens breitet sich ein Golfplatz aus. Über den laufen zwei Golfer mit ihren Trolleys, ihre federnden Schritte verschwinden im Nebel. Wenn es aufklart, fliegen Flugzeuge des dänischen Militärs, das im Norden einen Stützpunkt hat, tief über den Ferienhäusern. Manchmal herrscht hier eine Atmosphäre, als sei das Schlimmste schon passiert, als hätte es irgendwo im Süden einen Super-GAU gegeben oder einen Krieg. Als wären wir vor etwas geflohen und äßen jetzt schweigend und *shell-shocked* Sardellen auf Knäckebrot. Wenn die Flucht stockt oder vorbei ist, hat mir jemand erzählt, dann erledigt man seine alltäglichen Handlungen wie mit einem Rauschen in den Ohren, wie unter einer sengenden Sonne. Ohne einander anzuschauen, aus Angst, eigentlich alles falsch zu machen, aus Angst auch, den anderen zu verunsichern, ihn in dieser abrupten Normalität zu stören. Wäsche falten, ein Omelett machen, joggen gehen. Man kann nicht darüber reden, was war, man kann auch nicht darüber reden, was kommt, man kann aber auch nicht so ganz überzeugt von Banalitäten sprechen. Also schweigt man viel.

Im Traum habe ich eine Wohnung am Savignyplatz, die bloß drei Euro Miete im Monat kostet. Dafür steht sie unter Wasser. Es sind große Räume, unheimlich hohe Decken, eher eine Turnhalle als eine Wohnung, und im brackigen Wasser treiben Möbel, Zeitungspapier, zerfledderte Zigaretten. Über der Wasseroberfläche kreist ein Vogelschwarm, hin und wieder steigt er bis dicht unter die stuckbesetzte Decke hinauf, dann wieder umschwirren mich die Vögel und ich kann sehr deutlich ihre Augen sehen, die blauen und schwarzen Ringe um die Pupille. Ich träume oft von Tieren. Meistens sind es kleine Haustiere, um die ich mich kümmern muss oder will: ein Schwein, Ziegen, Kaninchen. In dem ersten Traum, den ich dir jemals erzählt habe, war es eine Katze, die ich in meiner Wohnung verborgen hielt. Von der Arbeit träume ich eigentlich nie. Menschen, die ich aus der Uni kenne, kommen gelegentlich darin vor, aber in meinen Träumen wird nicht gelesen oder geschrieben, nicht geforscht, nicht einmal nach einem Buch im ersten Stock der Bibliothek gesucht. Als wäre das alles nicht richtig eingedrungen in meine tieferen Sedimentschichten, oder vielleicht ist es auch bereits übersetzt, aufgelöst in anderen Symbolen, die dann Lust und Unlust, Genugtuung und Demütigung bedeuten.

Was meine Träume vor allen Dingen auszeichnet, sind die Räume. Ich befinde mich fast nie im Privaten, sondern entweder draußen, in Landschaften und *cityscapes*, oder in halb öffentlichen Gebäuden, in Schulen, Kaufhäusern, Schwimmhallen. Eine bestehende Konstante gibt es, eine Doppelstruktur, die das Geschehen bestimmt (schon immer oder seit ein paar Jahren?): Die Gefahr durch Höhe und die Rettung durch Wasser.

Ende Oktober 1989, also um meinen Geburtstag herum und vier Tage vor seinem Tod, spielt Vladimir Horowitz »Isoldes Liebestod«, die Piano-Transkription von Liszt. Ich höre es heute Abend und denke, es wird wohl nie zurückkommen, dieses Gefühl, als würden die Dinge wirklich in Erfüllung gehen. Die Wünsche, die man sich zurechtgelegt und genährt hat in den langen Nachmittagen der Teenagerjahre, im grünen Gras im Milchborntal, durch das die Geräusche und der Geruch des Freibads wehten und obendrüber sangen die Oberleitungen - wahrscheinlich hat man da schon geahnt, dass es nicht halten würde. Dass die Versprechungen, die man sich selbst und einander gab, eben genau das waren: Versprechen, Sprechakte, leichter als Luft, nicht von Dauer. Das muss man mitmachen und lernen und dann ist es ernüchternd, ja, aber irgendwann ist es auch nicht mehr so schlimm. Bald, denke ich, bald, in der Sonne, wird es aufhören, so schrecklich zu sein, so nagend. Wie traurig mich das wiederum macht: dass du mir gleichgültiger werden wirst. Dass neue Objekte des Begehrens an deinen Platz rücken werden, ganz so, als wären das wirklich natürliche Bewegungen. Schneeschmelze: wie laut in den Bergen am Abend eines sonnigen Tages die Bäche hinunter ins Tal rauschen. Selbst das Einzigartige, Ungedeckte, das du bist, wird nicht standhalten können gegen das Dunkle, Allgemeine, das durch uns hindurchwütet. Ein bisschen Trost ist auch darin: Eines Tages werde ich das Foto von dir ansehen können, das ich auf dem Weg zum k-fetisch von dir geschossen habe: Du drehst dich halb um, die Augen schmal gegen das Licht, hinter dir die rote und goldene Reklame eines Spielcasinos. Eines Tages werde ich nicht mehr denken müssen: Aber du hast dich doch umgedreht nach mir, wie Orpheus in der Unterwelt konntest du nicht widerstehen, mich anzusehen, das muss doch etwas heißen!

Stattdessen wird irgendwann das, was ich mir jetzt noch mit den Mitteln der Vernunft sage – *es sollte nicht sein, wir wollten zu unterschiedliche Dinge voneinander, man kann es nicht erzwingen, man soll nicht einmal versuchen das zu tun* –, wirklich eingesunken sein und ich werde es tatsächlich glauben.

An diesem Morgen wache ich auf und bin allein im Haus. Der Nebel hat sich gehoben, aber nur gerade so viel, um ein diffuses Sonnenlicht durchzulassen und den Blick über die gemähten Felder in Richtung Meer freizugeben. Die Vögel jedenfalls sind aus ihren Verstecken im Unterholz gekommen und picken im hohen Gras herum und im nassen Schlamm. Wieder die Fantasie der Einsamkeit, einer Welt ohne Menschen. Man könnte hier leben, denke ich. Man könnte in so einem schwarzen Holzhaus am Rand irgendeiner Kleinstadt in Skandinavien wohnen, Weißbrot zum Frühstück essen, die Brocken getunkt in große Schalen Milchkaffee. Ich hole die Boxen hervor, schließe sie an meinen Laptop an und höre »The Quiet Joy of Brotherhood«. Erst die Version von Mimi Fariña, gesungen nach Richards Tod, und dann die von Sandy Denny, die kaum zwei Jahre älter wurde als er. Die Toten, das habe ich langsam verstanden, leisten mir eine gute Gesellschaft. Ich lerne sie kennen auf eine Art und Weise, die schon kostbarer, eingefärbter ist als die doch immer flüchtigen oder wankelmütigen Bekanntschaften mit den Lebenden. Die

Toten präsentieren sich als Ganzes, sie haben eine Abgeschlossenheit erreicht und ein Desinteresse gegenüber dem Auf und Ab des Alltags. Sie zeigen mit ruhiger Hand wie auf alten Altarretabeln die Heiligen, lediglich in ganz bestimmte Richtungen, auf einige ausgewählte Motive. Natürlich nicht alle Toten werden meine Toten, aber diejenigen, die es einmal geworden sind, verlassen mich nie mehr, sondern begleiten mich, ein schimmernder Schatten, sie öffnen ihre Münder in meiner Sprache. Mit Literatur arbeiten heißt ja auch immer, ihr Land zu betreten.

Die Fähre von Rømø nach Sylt braucht etwa fünfundvierzig Minuten, in denen man entweder an Deck stehen kann – heute geht das sehr gut, es ist windstill, das Wasser liegt da wie mit der Hand glatt gestrichener grauer Stoff – oder einen Kaffee im Restaurant trinkt. Sobald wir ablegen, verwandeln sich die Menschen um mich herum in Statisten, die Fährpassagiere spielen: Zigaretten kaufen, Hotdogs und belegte Brote bestellen, Karten spielen und würfeln. Ich bin in diese unmittelbare Existenz gerutscht, in der ich hin und wieder lande, wenn ich, so wie in dieser Woche, viel draußen bin und mit meiner Familie zusammen. Eine Art unbeobachtetes Sein ist das, als hätte man es sich bequem gemacht in seinem Körper und würde nicht weiter als bis zum Abend denken. Eine Weile tut das gut, einen Tag in der Woche vielleicht, man sinkt hinein in das pure, sinnliche Leben, satt und zufrieden. Dann kippt es wieder und ich fühle mich schuldig, werde unruhig. Gerade genieße ich es noch.

Ich lehne mich in meinem Sitz zurück, schaue hinaus auf die großen Sandbänke und dorthin, wo sich am Horizont die Windräder drehen und dann weiter nach Süden, wo Sylt auftaucht, als würde es auf dem Wasser schwimmen, ein Streifen weißer Strand und ein Streifen Grün darüber, die sichelförmige Landzunge über List mit den zwei Leuchttürmen. Heute will ich nicht nachdenken, ich will müde sein und vergessen. Jonas hat noch beim Frühstück den ersten Satz von *Faserland* zitiert, aber ich habe heute keine Lust, darauf einzugehen, mich daran zu erinnern, dass es Literatur gibt, überall, selbst auf diesem unsinnigen, weiß polierten Stückchen Land. Stattdessen wende ich mich Emmy zu, die über die Sitze auf meinen Schoß klettert, schaue in dieses Gesichtlein, das so weich und verschmitzt ist, dass man nicht anders kann, als ganz blöd zu werden vor Liebe, und bin froh, dass es einmal von meinen Schultern fällt, dieses Grübeln und Planen, und eine Form von tierischem Beisammensein an dessen Stelle tritt, warm und schwer und eindeutig.

Wann sind wir frei? Die Bedingungen des Freiseins sind ja fast nie gegeben oder sogar grundsätzlich nicht vorhanden, und am allerwenigsten bestanden sie, als ich ein Teenager war, und trotzdem habe ich mich schon frei gefühlt in den unsinnigsten Momenten. Ich muss an Phoebes Haus in Mühlheim denken, an den langen Geburtstagstisch mit den Bierbänken, der in der Einfahrt aufgebaut war, wie sie und ich unter dem Tisch lagen – es war eine warme Nacht – und uns geküsst haben.

Phoebes Familie wohnte in einem verwinkelten Haus, in dem hinten ein Orgelbauer seine Werkstatt hatte, im Hof stapelten sich Holzbalken, die, wenn sie nass wurden, stark rochen. An diesen Geruch denke ich und daran, wie wir zuvor am Rhein, der dunkel am Ende der Straße schwappte, gekifft hatten und dass Ivy und ich nicht aufhören konnten zu lachen, und an Phoebes Locken in meinem Gesicht.

Als Hephaistion starb, berichtet Arrian im siebten Buch der *Anabasis*, schnitt Alexander sein Haar, legte sich auf den Boden neben das Totenlager und verharrte dort drei Tage lang, ohne zu essen und zu trinken. Er ordnete ein öffentliches Begräbnis in Babylon an, ein fünfgeschossiges Grabmal, Staatstrauer und einen Wettbewerb für Sportler und Musiker, der an Größe und Kosten alles bis dahin Gesehene übersteigen sollte (viele der Teilnehmer, schreibt Arrian, traten wenig später bei Alexanders eigenen Begräbnisriten erneut gegeneinander an). Schließlich weigerte er sich, Hephaistions Kavallerie einem anderen Kommandanten zu übergeben; sie blieb ihm, auch im Tod, weiterhin unterstellt. In *The Year of Magical Thinking* schreibt Joan Didion, nachdem ihr Mann gestorben ist, über diesen seltsamen Zwischenzustand, wenn die Tore der Unterwelt offen stehen. Man weiß bereits, was geschehen ist, weiß es sehr wohl mit allem Verstand, aber noch ist da ein Überhang, während die Gefühle weiter ins Nichts feuern, als seien die Verbindungen noch nicht gekappt, als habe man einen Phantomschmerz. In der Zeit sind die Verlorenen, die Toten, die, die weggegangen sind, uns verlassen haben, nicht mehr und doch da.

Jetzt, da alles ein wenig herabsinkt und seine Unmittelbarkeit verliert, fällt es mir zwar nicht schwer, dir zu verzeihen, aber nur um den Preis, denke ich, dass ich mich von dir abwende. Das, was geschehen ist, steht zwischen uns wie eine Kluft und ich muss mich umdrehen und in eine ganz andere Richtung laufen. Immer wieder flackern plötzlich Erinnerungen auf, gellend wie ein Schrei. Alles, was ich mir in dir erträumt habe. Dann muss ich mir sagen, wieder und wieder, dass es seine Zeit hatte, dass es sein durfte und auch aufhören durfte. Dann sage ich mir, dass ich dein Gesicht immer noch schön finde, ich es aber vielleicht nie wiedersehen will. Dass der Gedanke an dich mir jetzt mehr Schmerz bringt als Freude und dass da eine Rechnung ist, die nicht aufgeht, und dass ich nun streng und gut sein muss mit mir.

Auf der Insel gibt es eigentlich nur eine große Straße, den Havnebyvej, der die Kuhweiden von Norden nach Süden durchschneidet. Die L-förmigen Bauernhäuser aus dem 18. und 19. Jahrhundert (die Jahreszahlen sind mit metallenen Ziffern an der Giebelseite angebracht) stehen an ihr entlang aufgereiht. Auf der Kreuzung mit dem schmalen Langdalsvej, der in den Wald hineinführt, steht das rote Haus der Inselbäckerei, in der es auch Milch, Eier und Marmelade, Zeitungen und Briefmarken zu kaufen gibt. Hier bin ich hergelaufen, in meinem Regenmantel und Gummistiefeln, um mich der nasse Wald. Wie muss es gewesen sein auf der Insel, ehe sie den Damm bauten, winters wie sommers, wenn es stürmte und Regen oder Schnee zu stark waren, als dass man bei Ebbe rüber zum Festland laufen konnte? Hat man viel gewartet? Viel ins Feuer gestarrt, in der Glut herumgestochert? Die Inselbäckerei gibt es seit Mitte des 19. Jahrhunderts, also konnte man sich ab und zu dort Kranzkuchen für den Sonntag holen. Jetzt stehen manche von den Fischern draußen an einem der hohen Plastiktische, rauchen, trinken Kaffee aus großen Tassen und warten darauf, dass sie mit der Flut auslaufen können. Menschen, die sich vermutlich seit frühester Kindheit kennen, in einer Art Einvernehmen miteinander lebend. Wer weiß, wer von ihnen den anderen schon einmal verabscheut, verprügelt, begehrt hat. Das Meer lullt uns alle ein. Wir müssen miteinander auskommen auf diesem sich bewegenden Sand. Wir müssen einander aushalten.

Leslie Jamison hat gerade im *New York Times Magazine* einen Artikel über das Schreiben, das Trinken und das Nüchternsein veröffentlicht. Ich erkenne in dem, was sie erzählt, den Rausch wieder, die Dunkelheit, das Versprechen. Das Innenfutter eines magischen Mantels. Ein Himmel voller Sterne. Es fühlt sich an wie ein Geheimnis, von dem alle wussten, nur man selber nicht. So ist das also, in der Welt zu sein? Sich zu vergessen, zurückzulassen? Sich mutig gegen die Dinge zu werfen, sich die Hände daran aufzuschlagen, dass alles wirklich ist und nah?

Kühle Nüchternheit kann ja durchaus ein ästhetisches Ideal sein: Rilke, Auden, Mann – das sind, bei aller Feier, beispielsweise nüchterne Autoren, finde ich. Sie sind streng mit sich und mit einem. Aber Jamison schreibt eigentlich über etwas anderes als das, nämlich über eine Ästhetik nicht der Entsagung, sondern der Genesung. Die hat zum Preis das Aufgeben von etwas, das einem einmal lieb und teuer war und eng und verhasst und über alle Maßen vertraut. Eine Sache, über die Jamison eher nebenbei schreibt, hat mich dann aber doch am meisten berührt. An einer Stelle heißt es zur Verflechtung von Trinken und Schreiben: »I just wanted entry to the boys' club.«

Seit ich etwa dreizehn Jahre alt war, habe ich in meinen Texten meistens Figuren sprechen lassen, die sich mal mehr und mal weniger deutlich als männlich auswiesen (wie Annette von Droste-Hülshoff, die sich in dem Gedicht »Die Mergelgrube« von einem Hirten als »Herr« anreden lässt). Das hat oft zu Verwirrung geführt: Entweder Menschen haben nicht verstehen wollen, dass hier nicht ein Mädchen oder eine Frau spricht (meistens, wenn ich vorlas) oder sie haben erwartet, ich wäre ein Mann (wenn sie den Text vor mir kennengelernt haben).

Eine männliche Stimme (was auch immer das heißt) vorzuziehen, hat natürlich erst einmal mit Gewohnheit zu tun: Der Literaturkanon ist bevölkert von Erzählern und Protagonisten. Frauen und Mädchen mussten in Geschichten immer das Eindringen von Männern in ihre Welt erleiden, immer begehrt werden, verheiratet, immer lieben oder verlassen werden oder bedroht (als ich in der Oberstufe bin, notiere ich trotzig in mein Tagebuch: *Ich lese* Narziß und Goldmund *statt* Effi Briest!). Nur sehr selten hatten die Frauencharaktere, die ich kannte, eigene Interessen, die nichts mit Männern – Vätern, Mördern, Liebhabern – zu tun hatten, und wenn doch, dann wurden sie irgendwie gestutzt und verkümmerten. (An Mrs. Ramsay in *To the Lighthouse* habe ich mir die Zähne ausgebissen. Sie machte mich wahnsinnig, weil sie so viel an Mr. Ramsay dachte, aber ich konnte nicht aufhören, ihre Gedanken wieder und wieder zu lesen. Ich hatte das Buch dabei, als ich mit meiner Konfirmandengruppe in ein Kloster bei Siegburg fuhr, und das Gefühl, das ich damals hatte – das Schaukeln des Busses, ich saß allein, draußen war das Land trüb und novemberbraun –, ist für mich bei Virginia Woolf bis heute geblieben: eine Mischung aus Ohnmacht und Wut und Betörung.)

Unter der Hand, dachte ich, wurden Frauencharaktere immer als Objekte des Begehrens anderer gehandelt. Ich habe das als Teenager unerträglich gefunden. Über Liebe zu schreiben wäre mir nie in den Sinn gekommen. Es gibt diese eine Stelle in *Der Herr der Ringe*, in der die Gefährten den Pass des Caradhras überqueren und eingeschneit werden, und Legolas, der meine Lieblingsfigur war, macht sich auf, um die Sonne zu holen – er läuft über die Schneedecke den verschütteten Weg hinauf, ohne auch nur Fußabdrücke zu hinterlassen. Das war es, was mir für mich selbst vorschwebte: abseits von allen gehen, einem eigenen, obskuren Ziel folgen, das Irdische loswerden, diese Erdenschwere. Jamison zeigt, wie man sich an einer solchen Freiheit berauscht und wie man den Rausch braucht, um so zu sein – mutig, rücksichtslos, brillant –, wenn man eine junge Frau ist, die schreibt. Oder eben den Weg einschlagen, den ich gegangen bin: statt dagegen anzuschreiben eine Mimikry der männlichen Perspektive einnehmen und genau das tun, was Margaret Atwood beschrieben hat – »You are a woman with a man inside watching a woman« – und zwar als literarischer Trick. Vielleicht deswegen mittlerweile mein Widerwillen gegen Fiktion. Der Wunsch, es anders zu machen. Dann wiederum schreibe ich jetzt plötzlich auch über Liebe, fraglich also, ob mir hier irgendein Anderssein gelingt.

Manchmal kommt es mir so vor, als hättest du rückwirkend so viel mehr aus meinem Leben herausgerissen als diese fünf Jahre. Als hättest du, als du dich von mir abgekehrt hast, alles mitgenommen, auch die Dinge, die es vor dir gab. Als käme ich in mein Zimmer zurück und fände es ganz verwildert.

Während ich im Dunkeln im Schwimmbad treibe, stelle ich mir vor, ich würde durch eine Rinne oder ein offenes Rohr hinaus zum Strand getragen. Von der warmen Wasseroberfläche steigt der Dampf auf in den Nachthimmel. Die Dünen sind gespensterhaft weiß, wie Eisberge. Das Meer ist sehr laut, viel lauter in der Nacht als am Tag. Im Wasser denke ich immer an dich: daran, wie wir in Puebla jeden Tag im Sportclub deiner Mutter schwimmen waren, und an die Wintermorgen im Stadtbad Neukölln. Daran, wie wir uns eine Bahn geteilt haben und deine langen, glatten Gliedmaßen mich manchmal unter Wasser berührt haben. Hinterher sind wir zu dir gegangen, der Geruch von Chlor an den Händen und in den Haaren, oft wieder ins Bett gekrochen.

Es tut mir leid, ich habe mich auflösen wollen in dir. Es tut mir leid, etwas in mir ist immer schon so gewesen und wollte nie allein sein, etwas in mir ist perfekt angelegt für ein Miteinander, das alles Höfliche und Gemäßigte verachtet und sich gleich himmelhoch in ein Sich-Zerreißen wirft. Lammsein, Nachtsein, als wir uns gegenüberstanden auf dem Dach zwischen den Satellitenschüsseln, da muss ein Dröhnen durchs ganze Weltall gegangen sein. Das glaube ich wirklich.

Ich treibe im Wasser und das Wasser bringt dich zurück zu mir. Die Nacht in Vera Cruz, ehe das Gewitter kam, draußen, beim Pool des Hotels. Wie wir das letzte Mal miteinander geschlafen haben. Wie ich auf einmal dachte, dass mein schneller Atem so klingt, als würde ich weinen.

Ich sitze in einem Fleck Sonnenlicht und lese Audens Gedicht »Voltaire at Ferney«. Diese Festigkeit und Selbstdisziplin, die immer aus Audens Gedichten spricht, diese Strenge, so als hätte er sie aus großer Ferne und mit großer Beherrschung geschrieben, mit einem ganz langen Arm, an dessen Ende klein der Schreibtisch und der Füller zu erkennen sind. Die letzte Strophe, über Voltaire, aber natürlich auch über sich selbst:

> Yet, like a sentinel he could not sleep. The night was full of wrong, / Earthquakes and executions: soon he would be dead, / And still all over Europe stood the horrible nurses / Itching to boil their children. Only his verses / Perhaps could stop them: He must go on working: Overhead / The uncomplaining stars composed their lucid song.

Audens wunderschöner Doppelpunkt, immer wieder: ein Beschließen und ein Aufmachen. Wie eine Resolution. Und dann, als höchste Steigerung davon, der luzide Gesang der Sterne, schön wie eine Gleichung. Da schlägt Aufklärung einmal, kurz nur, nicht in ihr Gegenteil, also in Barbarei, um, sondern wächst über sich hinaus ins Schöne.

Südlich von Rømø liegt die versunkene Insel Jordsand. Ihre Verwüstung geschah langsam: Nach einer Sturmflut 1895 war sie nur noch von einem Vogelwart bewohnt, bis sie 2001 endgültig im Meer versank. Auf Satellitenbildern sieht man sie noch als höher gelagerte Sandmassen unter einer relativ dünnen Schicht Wasser. Ich denke daran, wie sehr Sebald das gefallen hätte. Auch, dass ich Sebald nachspreche, wie er Sir Thomas Browne nachgesprochen hat, und schon der hat die Spuren des Vergangenen zusammengesetzt, das Fetzchen Seide, den Bedeutungsrest, der wieder aufersteht (Borges: »La rueda de los astros no es infinita y el tigre es una de las formas que vuelven.«). Wir haben der Innovation abgeschworen, sage ich mir.

Dem Genie. Schreiben und Erzählen als Kulturtechnik des Kopierens und Einübens. Wie der Shintō-Schrein in der Präfektur Mie, der alle zwanzig Jahre abgebaut und aus neuem Zypressenholz genauso wiedererrichtet wird (der jetzige Schrein stammt aus dem Jahr 2013, das nächste Mal wird das Ritual des Wiederaufbaus, *Shikinen-sengū*, also 2033 stattfinden).

Am 14. Februar 2013 haben wir in der Liesl gesessen, du und ich, und dann kam C. Du hast über meine Schulter geschaut, an mir vorbei, und so habe ich sie zuerst in deinem Gesicht gesehen und in deiner Stimme gehört, als du sagtest: »Sie ist hier.«

Was die Geschichte von Alexander und Hephaistion ausmacht, ist gerade nicht ihre Originalität, sondern die Wiederholung: dass sich noch einmal das Muster von Achilles und Patroklos verwirklichte. Erst Mythos, dann Historie, dann Popkultur. »Eines sag ich dir noch und ermahne dich, wenn du gehorchst«, sagt der Geist von Patroklos zu Achilles, der sich schwitzend auf dem Lager in der Nacht vor Troja herumwälzt, »lege nicht mein Gebein von deinem getrennt, o Achilleus.« Durch die pure Wiederholung fühlen wir uns bestätigt. Wie wenn Kant verspricht, dass schöne Dinge auf die Zugehörigkeit des Menschen zur Welt hinweisen, so befriedigt es uns, ein Muster gefunden zu haben, als wäre kein anderes Tier dazu in der Lage. Als würde das nun doch etwas belegen, das wir uns nicht zu wünschen gewagt haben.

Das große Einerlei, der Brei, die Hilflosigkeit. Dass wir noch die gleichen Körper haben wie die antiken Griechen, aber einen zerstreuten Geist. Oder gar keinen Geist. So nennt man das ja nicht mehr. Psyche, wenn's hochkommt. Affekt, Dissonanz. Es ist schwierig: Einerseits muss man dafür sorgen, dass Menschen unbefriedigt genug sind, um zu machen und zu tun und zu kaufen, sich das Loch die ganze Zeit stopfen zu wollen, und andererseits dürfen sie auch nicht unzufrieden genug werden, dass sie verrücktspielen. Wenn ich hier so sitze und mich umschaue, dann denke ich: Jeder ist doch kurz davor, wie der Lenz auf dem Kopf gehen zu wollen. Einfach aufzustehen, aus dem Fenster zu klettern, sich in die Lücke zwischen Hauswand und Regentonne zu zwängen, zu proklamieren, man würde jetzt werden, was man wolle: ein Stein, ein Aal, man sei diesen Personenstatus leid, der einem nichts bringe, noch nie etwas gebracht habe, man mache Schluss damit.

Du hast mir mit der Zeit das Gefühl gegeben, man könne auf nichts hoffen. Ich habe es getrunken wie einen dunklen Saft. Bis auf den letzten Tropfen. Ich habe dir nichts anderes als Wunsch und Wille entgegengetragen, ich war bereit zu sein, was immer du willst, ich hätte dich immer, immer hochgehalten wie eine Fackel. Aber wer will das schon und wer kann das tatsächlich aushalten? Eine Liebe wie Lacans Liebe bei Žižek: Das, was man nicht hat, dem andrehen, der es nicht will.

»Wer ist sie, die heraufsteigt von der Wüste und lehnt sich auf ihren Freund?« Ja, wer? Im »Hohelied Salomos« gibt es immer diesen Moment des Sich-Verpassens und der Ungewissheit – wer steht hinter der angelehnten Tür und singt, wer klettert über die Mauer und kommt in den Garten? Ich will die Hände über deine Augen halten. Dich mit mir nehmen in den Schatten, unter den Baum am Ende eines Tals. Der Flug des Vogels, ehe der Tag anbricht. Alles kann geschehen sein, ehe sie aufwachen. Wir müssen nicht sprechen. Eine Lagune, ein Versteck. Am Ende können wir auseinandergehen – ich werde mein Kleid anziehen, ein Pfefferminzbonbon essen –, in den Tag hinein, die Karl-Marx-Straße entlang, wo sie die Läden aufmachen und das Wasser in den Rinnstein schütten, Kinder aus den Einfahrten gesprungen kommen, niemand wird etwas wissen müssen, niemand wird klüger sein und die Welt nicht verwandelt.

Es verletzt mich, wenn du mir Belanglosigkeiten schreibst. Kleine Nettigkeiten, halbe *inside jokes*. Ich weiß, dass es vermutlich nur die Unbeholfenheit ist, dein Wunsch, doch irgendwie mit mir in Verbindung zu bleiben, auch wenn über alles Ernste zu sprechen zu schmerzhaft ist. Aber dass es so enden soll, in Einzeilern, in Harmlosigkeit, das will ich nicht. Dann lieber ein Schweigen, das dem Ganzen gerecht wird. Dann will ich allein zurückbleiben und mich in dieser schweren, missglückten Liebe suhlen. Sie herumschleppen als das, was sie vielleicht ja immer war: meins, meins, meins. Ein Umhang ausgestopft mit Gold.

Wie Philine zu Wilhelm in *Wilhelm Meisters Lehrjahre* sagt: »[U]nd wenn ich dich lieb habe, was geht's dich an?«

Die Wahrheit ist vielleicht auch die: Niemand wird dich je so lieben, wie ich dich geliebt habe. Und das wird nichts daran ändern, dass wir uns fremd werden, mit jedem Tag und jeder Stunde, bis etwas Bleiches bleibt, kaum Kreide, wenig Substanz.

Ich bin jetzt allein, und das kenne ich gut. Meine Kindheit war für mich vor allem und immer das: allein sein. Das blieb lange so, auch noch weit in die Teenagerjahre hinein. Meine Tagebücher, die ich mit elf, zwölf, dreizehn schrieb, sind voller Zweifel an dem Verständnis meiner Freundinnen und Freunde, immer wieder stelle ich mir die Frage, ob sie »begreifen«, ohne genauer zu erläutern, was genau denn eigentlich begriffen werden soll. Zu diesem Zeitpunkt plagte mich die Vorstellung, dass es grundsätzlich unmöglich sei, die Dinge, die mich beschäftigten, mit anderen zu teilen. Einer der ersten richtigen Gedanken, an den ich mich erinnere, ist der, dass andere Menschen gar nicht denken und dass daher jeder Versuch, sich ihnen verständlich zu machen, zum Scheitern verurteilt ist. Es war dabei nicht ein Problem des Mangels an Personen, die da waren, sondern eines des Mangels an Personen, die ich gebraucht hätte, die ich mir wünschte, Seelenverwandtschaften hätte man das früher genannt und habe ich das auch früher genannt. Stattdessen: unter Menschen sein und dabei diese Langeweile, diese Ziellosigkeit, immer das große, stramme Gefühl, allein, allein, allein zu sein.

Niemand kann einem etwas sagen, niemand weiß einen richtig zu nehmen, man lernt unter dem Tisch zu lesen.

Und dann wartet man. Wartet, schreibt.

Ich glaube, das Schreiben war immer auch motiviert von diesem zweiseitigen Wunsch: sich anderen eben doch mitzuteilen (wenn mir die Worte nur gut genug gelingen, dann werden sie es endlich sehen) einerseits und andererseits, sich damit abzufinden, dass sie es nicht verstehen werden, und sich stattdessen mit sich selbst zu beschäftigen.

Die Liebe ist der Wunsch gelesen zu werden oder auch im zweifachen Sinne begriffen. (Wie Malte Laurids Brigge vor dem Wandteppich der Dame mit dem Einhorn: »Abelone, ich bilde mir ein, du bist da. Begreifst du, Abelone? Ich denke, du mußt begreifen.«)

K. war der Erste. Der Erste, mit dem ich über Gottfried Benn und Dylan Thomas sprach, der ein Hemd trug und ein Samtsakko, der fand, dass Treppenhäuser in der Nacht aussahen wie Hopper-Gemälde. Aber natürlich kam er nicht aus dem Nichts. Ich hatte nur auf ihn gewartet. Wenn ich heute meine Tagebücher anschaue, die aus dem Jahr 2005, als wir beide im Lyrik-Kurs von Alexander Nitzberg waren, dann ist es schmerzhaft offensichtlich, wie sehr ich mich nach so einem Du gesehnt habe. An diesen Platz brauchte sich bloß jemand zu setzen wie du oder er, mit seinem Gedicht über Kirschblüten und Schnee und Kranichen aus Papier. Am letzten Abend hatten wir eine Lesung und danach gab es ein Fest. Wir haben auf der Galerie im ersten Stock Wein getrunken, einen Winternachtswein, auch wenn es erst Spätsommer war. In dem ovalen Zimmer, in dem wir jeden Tag gesessen und geschrieben hatten, lief laute, drängende Musik, pakistanische Ritualgesänge. Irgendwann haben wir alle im Dunkeln getanzt, in einem verrückten Kreis, wie bei einem Gebet.

Als es schon bald Morgen wurde, bin ich hinausgegangen in den Innenhof und habe hinter den Bäumen den Mond gesucht, viel zu spät natürlich. Es war August, aber es kam kalt aus den Wiesen am Fluss. Schon wurde etwas in die Luft gespeist, *Stimmen über der Tiefe*, habe ich damals notiert. Und: *Der Herbstgott kommt.* Irgendwann stand K. neben mir und wir haben beide in den Himmel geschaut. Das war das erste Mal, dass mir ein Mensch so sehr das Gefühl gab, nicht allein auf der Welt zu sein. Der mich so ansah, während ich ein Gedicht vorlas, als verstünde er, warum ich am Ende des Verses mit der Stimme hochging und die Worte ausfluten ließ wie in eine weite Ebene hinein.

Für Adorno war das Ziel der Dialektik die Versöhnung, nicht die Einheit. Das wirft er schließlich Hegel vor: dass er dem Subjekt einen Platz einräumt, der ihm nicht zusteht, dass das Subjekt sich unverschämt ausbreitet, dass Hegel letztlich dem Gesetz des Einen gehorcht. Gegen die symmetrische Beziehung zwischen Subjekt und Objekt stellt Adorno eine Asymmetrie zugunsten des Objekts. Das Subjektive, das, was wir am Ding *begreifen*, ist immer nur ein Teil von ihm, der Rest bleibt opak und ein Rätsel.

Ich finde an Adorno so anziehend, was andere stört: dass man nichts lösen muss, nämlich. Stattdessen gibt es das Spiel und die Zuneigung für das, was da ist, aber du musst es nicht durchdringen und nicht durchherrschen.

Als du mich zum ersten Mal geküsst hast, habe ich es nicht kommen sehen. Wir saßen auf dem Sofa in deinem alten WG-Zimmer hinter der Küche, ich war übermüdet, vor ein paar Stunden erst aus Dänemark zurückgekommen. Ich habe mich zur Seite gewandt und nach einem Buch gegriffen (nach welchem bloß?) und als ich mich wieder umdrehte, da hast du mich geküsst. Soll man dir das jetzt verzeihen? Ich kann mich nicht daran erinnern, was ich gefühlt habe. Ich kann mich erinnern, dass die Nacht beherrscht war von so etwas wie Dringlichkeit. Dass es wirklich glorreich war, am nächsten Morgen in deinem Bett zu liegen, zu hören, wie deine Mitbewohnerinnen in der Küche herumwerkelten, flüstern zu müssen, damit sie nicht hörten, dass ich da war, ein Buch übers Handlesen, das dein Bruder dagelassen hatte, auf dem Fußboden zu finden und die Zukunft aus unseren Handtellern zu lesen. Irgendein Unfug kam dabei raus. Ein kurzes Leben.

»Komm«, sage ich zu Kira, »ich erzähle dir eine Geschichte.« Aber ich bin keine gute Geschichtenerzählerin, nicht wie meine Schwester Sarah, nicht wie mein Vater, nicht wie der Vater meines Vaters, die alle hervorragende Geschichten erzählt haben und immer noch erzählen. Auf Anhieb fallen mir gleich zwei Geschichten ein, die mein Vater erzählt hat und die so spannend waren, dass ich noch Wochen später über sie nachdachte, und eine lange Geschichte, die mir Sarah erzählt hat, über den ganzen Verlauf eines Sommers hinweg jeden Abend vor dem Einschlafen in einem Zimmer, das noch ganz hell war. – »Es gewittert gleich«, ruft meine Mutter vom Balkon, da fallen schon langsam und zäh große Tropfen auf den Bürgersteig, der klebrig ist von dem Saft der Lindenblüten. – Ich habe auch nicht das Talent meiner Mutter, die über Dinge aus ihrem Leben so schreiben kann, dass sie sich aneinanderreihen wie Perlen auf einer Schnur.

Ich habe immer damit gehadert, in meinen Texten etwas *passieren* zu lassen. Mir die Befriedigung auszutreiben, die mir Beschreibungen bereiten, diffuse Atmosphären, wenn da Laub und Licht sind, aber kaum Menschen. Ich kann mich ewig am Interieur aufhalten, ich kann einen Raum einrichten und mich berauschen daran, am Detail, am Geruch. Für mich gibt es wirklich nichts Schöneres als die Vorstellung eines Hauses, das den ganzen Winter über hinter Rollläden gedämmert hat und in dessen Lesezimmer man nun wieder steht, auf der Fensterbank noch die Muscheln und Steine und Federn vom Vorjahr.

In der Schreibschule, einem Schreibkurs für Jugendliche, den ich mehrere Jahre lang unter der Leitung von Dieter Bongartz besucht habe, wurde oft mit plot-basiertem Erzählen experimentiert, sogar mit Drehbuchschreiben, und ich war immer schlecht darin. Auch widerspenstig. Diese Szenarien, wo A nach B geht und C trifft, Tschechows Pistole, die irgendwann losgehen muss – all das lief vollkommen an mir vorbei. Wenn ich schreibe, dann beginne ich mit einem Bild, mit einem Ort, damit, wie man langsam eine Tür aufschiebt und in eine Diele tritt, in der viele Teppiche übereinanderliegen, damit, dass man ein Paar Schuhe abstreift, die innen aus Holz sind und außen bespannt mit abgewetztem Satin. Es liegt etwas Psychopathisches darin. Eine Überbewertung der unbelebten und nichtmenschlichen Dinge. Auch des geistigen Raums. Gespenstergeschichten. Ich kann Schreiben nicht mit einem anderen Wort fassen als mit Gier. Vielleicht noch mit Ermächtigung, aber vor allen Dingen mit einer unbestimmten, tendenziell auf alles gerichteten Gier. Dem Schreiben ist nichts heilig, das Schreiben nimmt alles, was in seinen Fokus gerät, in sich auf und tut mit ihm, was es will. Dieses Fenster gehört jetzt mir und auch diese Orange auf dem flachen Tisch aus Korbgeflecht, und wenn man richtig schreibt (das, was ich früher *Schreibschub* genannt habe, etwas, das mich am Nacken packte und das meinen ganzen Rücken entlangrollte, mich nach oben riss), dann ist es fast Ekstase und fast Euphorie, aber eben nur fast fast fast und es bleibt immer das Versprechen auf etwas Nahes, etwas Großes, etwas, das so gut sein wird, so unbeschreiblich gut, dass sich der Mund schon zusammenzieht wie in der Erwartung einer Zigarette oder eines Gin Sours. Aber als ich Kira etwas ausmale von Krähen und einem Schloss hinter dem Wald – »Weißt du, wo die Krähen, die sich abends über der Bucht sammeln, hinziehen?« – schäme ich mich, und es kommt mir vor, als würde ich lügen, oder nur so tun als ob. Denn eigentlich ist Schreiben ein Akt der vollkommenen Selbstverliebtheit, ein Sich-Berauschen an der eigenen Stimme und dieses Erzählen hier ist ein komisches Zwischending, das noch jemand anderen involviert und das mir nicht so recht glückt.

Ich stehe am Küchenfenster und schaue in den Wald. Ich habe das lang nicht mehr gemacht, aber als Kind und auch noch als Jugendliche konnte ich Stunden damit verbringen, auf Fensterbänken zu hocken oder am Fenster zu lehnen und zu schauen. Damals habe ich nur mit mir selbst geredet, aber jetzt spreche ich dich an – immer noch.

Einmal, im Sommer 2016, hast du vergessen, dich auf meinem Computer aus deinem E-Mail-Postfach auszuloggen und ich habe eine E-Mail von dir an C. gelesen, die du ihr zwei Jahre zuvor aus Mexiko geschrieben hattest. Ich erinnere mich, wie ich in unserer Wohnung in der Wildenbruchstraße saß, alle Fenster offen, die warme Luft aus dem Garten strömte herein. Wie sehr ich mich erschrocken habe, darüber, dass du mich mit keinem Wort erwähntest.

Jetzt, da ich mich an das kalte Glas lehne, einem Rinnsal zusehe, das dunkel in den Wald läuft wie ein Tier, denke ich (so ein trivialer Gedanke, so selbstverständlich liegt er plötzlich da, so traurig macht er mich), dass es möglicherweise besser ist, ohne dich zu leben.

Heute stürmt es. Am Strand muss man sich schräg nach vorne stemmen, um überhaupt voranzukommen. Über den Muschelkalk wird feiner Sand geblasen, in endlosen Bändern aufs Meer zu. In Oxford hat mir eine Archäologin erklärt, dass Knochenfragmente, schlägt man sie behutsam aneinander, ein ganz spezifisches Geräusch machen. Wie *bone china*, Knochenporzellan. Genauso fein und trocken klingt es, wenn Sand und Muscheln aneinander reiben.

Wie ich manchmal nachts neben dir gelegen habe und nicht schlafen konnte, auf jeden deiner Atemzüge lauschte, ängstlich, sie könnten ausbleiben, und dann manchmal die Hand vor deinen Mund hielt, um die Wärme des Ausatmens zu spüren. Diese ständige Angst vor deinem Tod war vermutlich nichts anderes als die Angst, von dir verlassen zu werden. Und so ist vermutlich all meine Angst vor dem Tod nichts anderes als die Angst vor der Verlassenheit. Was es nicht unbedingt einfacher oder erträglicher macht – man könnte sich tatsächlich fragen, ob es überhaupt etwas verändert und nicht nur ein Hin- und Herschieben von Wörtern ist, ein Austauschen von vagen Begriffen durch solche, die nicht weniger vage sind. Aber als ich im Auto sitze und in die kahle Straßenböschung schaue, kommt es mir vor wie eine Erkenntnis. Benjamin spricht ja in der Einleitung seines Trauerspiel-Buchs davon, dass Ideen nicht deckungsgleich mit den Dingen oder den Begriffen sind, sondern dass sie Konstellationen bilden. Die Konstellationen setzen sich zusammen aus Elementen und die Elemente wiederum sind Teile der Phänomene, die durch Begriffe aus diesen herausgelöst wurden. »Die Ideen verhalten sich zu den Dingen«, schreibt Benjamin, »wie die Sternbilder zu den Sternen.«

Vermutlich gibt es also ein Drittes. Etwas, das mir Angst macht und auf das sowohl der Tod als auch die Verlassenheit nur hinweisen. Ein Sternbild, in dem sie Punkte sind.

»Als aufdämmernd nun Eos mit Rosenfingern emporstieg«, heißt es ganz am Ende des vierundzwanzigsten Gesangs der *Ilias*,

> kam das versammelte Volk um den Brand des gepriesenen Hektors. / Diese löschten den glimmenden Schutt mit rötlichem Weine, / Überall, wo die Glut hinwütete; drauf in der Asche / Lasen das weiße Gebein die Brüder zugleich und Genossen, / Wehmutsvoll, ihr Antlitz mit häufigen Tränen benetzend.

Hektors Scheiterhaufen am Ende der *Ilias* ähnelt Siegfrieds Scheiterhaufen, mit dem Wagners *Ring* endet. Über den *Ring* hat Adorno gesagt, Wagner betreibe eine Vermauerung der Welt, ein gnadenloses, gewalttätiges Nichts-ist-geschehen (das ja gelogen ist). Aber in der *Ilias* bedeutet der Scheiterhaufen das Gegenteil: Alles ist anders. Nichts sinkt zurück in eine übermächtige Natur, wie es bei Wagner geschieht, sondern die Menschen haben ihren Namen und ihre Taten, ihre Städte, ihre Toten in die Wirklichkeit eingemeißelt. Sie haben aus dem monadischen Einerlei eine Geschichte geformt. Jedes Mal, wenn ich die Aufforderung an die Muse lese, den Zorn des Achilles zu singen, freue ich mich darüber, dass es gelungen ist, diesen blinden Zorn zweitausend Jahre lang lebendig zu halten. Dass der Mythos nur fest genug darauf beharrt hat, für die Ewigkeit zu sein. Dass er für die Ewigkeit wurde. Achilles, der dumm, stolz und schicksalsverliebt dem Wunsch hinterherjagt, zu sterben, um nicht zu sterben, und sich in die Sprache rettet. Apollon, der schließlich den Pfeil des Paris zu Achilles' Ferse hinlenkte, ist schließlich nicht umsonst der Gott der Künste.

Das Zisterzienserkloster Løgum auf dem dänischen Festland, zehn Tage vor Mariä Verkündigung. In der Nacht muss es hineingeregnet haben oder das Grundwasser ist durch die starken Regenfälle gestiegen, jedenfalls steht eine Handbreit Wasser an einigen Stellen im Kirchenraum. Eine Frau und ein Mann hantieren mit Besen und Lappen, um es aufzuwischen. Es riecht nach nassen Backsteinen. Auf einer hohen Leiter steht ein Handwerker, jemand sitzt an der Orgel und spielt. Auf den Tafeln rechts und links des Hauptaltars hängen bereits die Nummern aus Metall, mit denen die Lieder im Gesangsbuch für den Festtagsgottesdienst angezeigt werden. Dieses Jahr fallen Verkündigung und Palmsonntag zusammen. Man schaut kurz zu mir herüber, als ich im Kreuzgang auftauche und Fotos mache, dann gehen alle wieder ihren Aufgaben nach, Vorbereitungen für das Fest. Auf dem Weg hierher sind wir den Vinumvej hinuntergefahren und ich habe mir vorgestellt, wie hier die Fässer mit Messwein, die man in

Esbjerg von den Schiffen geholt hat, auf Pferdewagen ins Kloster gefahren wurden, durch Schlamm, der fror und taute und schmolz, jahrhundertelang. David Blackbourn schreibt in *The Conquest of Nature*, seinem Buch über Wasserpolitik im 19. Jahrhundert, er sei überrascht gewesen von der Omnipräsenz des Schlamms: »Everywhere I looked, people were wading through mud.« Die große Trockenlegung Europas, die im 18. Jahrhundert losging, brachte erst um die Mitte des 19. umfassende Erfolge. Davor war alles endloser Sumpf, Heide, unbefestigte Straßen und unversiegelte Städte, Morast, der zwischen Bohlen hervorquoll und Rock- und Mantelsäume durchtränkte.

Heute ist der Ort Løgumkloster sehr aufgeräumt. Schilder leiten einen vom Parkplatz aus an der Rückseite kleiner Häuser und ihrer umzäunten Gärten entlang bis zu einer Allee, die auf den Friedhof und in den Klostergarten führt – war dies der Ort, der Rilke als Vorbild für Urnekloster und Ulsgaard (beide erfunden, wie ich später lese) gedient hat? Bevor ich wieder gehe, kaufe ich in dem kleinen Raum am Ausgang eine Karte, die den Aufbruch der Hirten und ihrer Herden nach Bethlehem zeigt (»O, kommer med til Davids by«, steht auf der Rückseite). Es ist ein Scherenschnitt aus weißem Papier von der dänischen Künstlerin Sonia Brandes. Große, fedrige Farne und Palmwedel versperren den Schafen fast den Weg, aber sie laufen trotzig und fröhlich voran, mit sehr ausdrucksstarken, zuversichtlichen Gesichtern, die sie in den Wind halten.

Auf dem Rückweg zur Insel beginnt es zu schneien.

Einmal, als du und ich eine lange Fahrradtour auf dem Gnitz gemacht haben, der als Landzunge von Usedom aus ins Achterwasser hineinragt, haben wir Rast an einem Friedhof gemacht, der abseits von allen Dörfern und Häusern auf dem freien Feld und etwas erhöht lag. Man konnte weit ins Land schauen, in einiger Entfernung pflügte jemand abgemähten Weizen unter. Sonst war da niemand, außer uns. Im Rückblick fällt es mir schwer zu sagen: Waren wir denn glücklich? Hätten wir uns anlächeln und auseinandergehen sollen, bevor all die Enttäuschungen kamen und ich bei einem Streit auf der Werbellinstraße das Gefühl hatte, den Verstand zu verlieren, eine Passantin stehen blieb und fragte, ob alles in Ordnung sei, weil ich so sehr weinte? Bevor ich neben dir lag und es für einen Augenblick lang verlockend schien, dich unter einem Kissen zu ersticken und dann mich auch?

In manchen Momenten überrumpelt es mich, wenn ich zum Beispiel daran denke, ob du dich jetzt so fühlst, als sei dir ein Gewicht von den Schultern genommen worden, und ich dann bemerke, dass ich selbst es bin, die sich so fühlt.

Der Schnee scheint weniger vom Himmel zu fallen, als aus dem Wald zu kommen. Flocken so fein, dass man sie einatmen könnte, der Himmel dahinter blassblau wie Vogeleier und metallisch glänzend. Ich schaue aus dem Fenster meines Zimmers und kann mich nicht sattsehen an den flachen Farben, dem weißen Dachfirst über dem schwarzen Holz, dahinter den Kiefern, die sich im Wind heftig bewegen und Schneeflocken aus ihren Nadeln hervorschütteln. Kann man nicht einfach sitzen und zusehen, tagelang, jahrelang? Ist das nicht genug? Ist das hier nicht das eine Bild, das man geschaut hat, wirklich geschaut, wie ein Gesicht aus Flammen im Spiegel, das bei einem bleiben wird, mit einem wachsen, bis zum Schluss?

Seit einem Monat habe ich dich nicht mehr gesehen, seit zwei Wochen nicht mehr deine Stimme am Telefon gehört. Komischerweise habe ich wohl immer gewusst, dass es das Meer ist, an dem wir uns am Ende voneinander entfernen werden. In dem langen Text, an dem ich schrieb, bevor ich nach England gegangen bin, *Körper & Sprache*, sollten du und ich schließlich schweigend nebeneinander an der Ostsee sitzen, nicht wissend, wohin mit sich. Wie man den Sand durch die Finger rieseln lässt, wieder und wieder, das Meer macht auf so eine besondere Art schlaftrunken.

Bis ich zehn Jahre alt war, sind wir jedes Jahr an die See gefahren, nach Büsum, wo meiner Oma eine Ferienwohnung gehörte. Im Nachhinein war das einer der absurdesten Orte: eine Flucht dunkler Zimmer (das Licht grün-glasig, als sei man unter Wasser), vollgestellt mit glänzenden Möbeln aus den Siebzigerjahren, von denen niemand mehr hätte sagen können, wie sie dorthin gekommen waren. Sarah und ich schliefen in Betten, halb wie Kajüten in die Wand eingelassen. Auf dem Balkonfußboden blieben weiße Salzränder, wenn das Meerwasser, das aus unseren Badeanzügen tropfte, verdunstete. Erst kam das Meer bei mir, dann kamen die Berge. In die Berge zu fahren, war irgendwie selbst gewählter, bewusster, das Meer war nichts, für das ich mich je entschieden hätte, es *war* einfach. Ob ich wollte oder nicht. Schwappend und grau und ohne Ende. Von so etwas emanzipiert man sich nicht mehr. Das hat sich am tiefsten Grund gesammelt, dieses Gefühl, wenn man auf den Deich zuläuft und weiß – gleich, gleich kommt es. Gleich die Weite. »Öd' und leer das Meer!«, aber es liegt genauso viel Verzweiflung wie Versprechen darin.

Ans Meer geht man also, wenn Dinge sich lösen sollen.

Zu denken: Nun habe ich aber genug gesagt.
Nun muss es doch rund werden und zu einer Art
von Abschluss kommen, der weniger beliebig ist als
das Ende einer Seite oder das Ende einer Zeit.

3.

Um elf Uhr morgens steige ich in Berlin am Hauptbahnhof aus dem ICE zu Sonnenschein, Menschenmassen, einem wild blauen Himmel und denke: Ich habe immer noch Hunger. In wenigen Stunden entwickele ich eine unerwartete Produktivität, ich laufe zu Dussmann und kaufe mir in der Abteilung für englischsprachige Literatur Siri Hustvedts *A Woman Looking at Men Looking at Women*. Damit fahre ich zum Nollendorfplatz und lasse mir dort in der Winterfeldtstraße die Haare schneiden. Als ich die Eisenacher Straße hinuntergehe, an meiner alten Wohnung vorbei, kann ich den Mantel offen flattern lassen. Das Wetter ist gebrochen, denke ich, so wie ein Fieber bricht, und mit einem Mal haben die Vögel andere Stimmen, alle Menschen einen anderen Gang. Es riecht nach Erde und Abgasen. Die U7 ist ab der Station Möckernbrücke unterbrochen und statt den Ersatzverkehr zu nehmen, laufe ich am Kanal entlang bis nach Neukölln. Komme schließlich im Laidak an, bestelle mir einen grünen Tee und verbrenne mir sofort daran die Zunge.

Erinnerst du dich an deinen ersten Winter in Berlin, den Übergang von 2009 zu 2010? Eine zentimeterdicke Eisschicht bedeckte wochenlang die Straßen und Bürgersteige. Hast du damals Silvester in Berlin verbracht? Ich war hier, mit Lara und Mathilde, wir sind auf die Hausparty meiner späteren Mitbewohnerin Sina gegangen (es gibt ein Polaroid davon, wie wir im Hinterhof in den Schnee pinkeln, die schwarzen, halterlosen Strümpfe, die wir am Tag zuvor auf dem KuDamm gekauft hatten vor dem schmutzigen Weiß und Grau der Hauswand) und später waren wir tanzen in der früheren ungarischen Botschaft am Alexanderplatz. Man wusste nicht so recht, was man damit anfangen sollte, dass jetzt ein neues Jahrzehnt anbrach, man fühlte sich ein wenig unter Druck gesetzt, besonders wild und frohen Mutes zu sein. Vielleicht waren wir es auch. Sich Danebenbenehmen hatte damals seinen eigenen Wert. Als es Frühling wurde, sind Sina und ich mit Salzstreuern voll Glitzer in Clubs gegangen, ins Stadtbad Wedding meistens, ein Labyrinth unter einem stillgelegten Schwimmbad. Bei unserer Einweihungsparty stellten wir Eimer mit Farben auf und ließen die Gäste die Wände bemalen, Gesichter, Vögel, ein paar Penisse. Auf mein Plakat von Caspar David Friedrichs *Wanderer über dem Nebelmeer* schrieben wir: »we own the sky.«

An Sinas zwanzigstem Geburtstag tranken wir Absinth-Bowle im Park, bis ich den Mond, perfekt und weiß und sauber, genau zweimal sah. Und im Sommer sind wir von den Wiesen im Schlosspark Sanssouci verjagt worden, mit den Säumen unserer Rüschenkleider voller Kletten. Sich zu enthemmen war unsere Reaktion auf das neue Jahrzehnt. Theater zu spielen. Irgendetwas ist danach passiert, nicht nur mit mir und meinen Freunden, nicht nur mit Menschen, die damals zwanzig waren und jetzt bald dreißig werden. Vielleicht war es die Rezession, vielleicht die Rückkehr der Krisen, vielleicht die Hilflosigkeit angesichts einer sich erwärmenden Welt. Etwas kam und holte den Himmel herunter und schloss die Welt ab. Ließ die Luft raus. Eine große Ernüchterung.

Manchmal will ich dich anrufen oder dir schreiben, um dir zu sagen, dass es leichter wird mit jedem Tag, an dem das Licht länger bleibt. Aber dann fällt mir ein, dass es wohl nicht besonders nett ist, jemandem zu sagen, dass er an Bedeutung für einen verliert.

Du hast einmal zu mir gesagt, dass alle Städte gleich sind, weil sie vor allen Dingen eines sind: Städte. Aber das ist nur halb wahr. Ich kann dir das versichern, denn ich bin eine andere in Berlin, weil Berlin selbst so anders ist als Köln oder als London. Wenn ich die ansteigende Boddinstraße hinauflaufe oder spät abends wieder hinunter, wenn es Herbst wird am Südwestkorso und die blauen Abende am Rüdesheimer Platz zurückkommen, dann sammeln sich die Dinge in einem ganz besonderen Muster um mich. Als unsere Beziehung auseinandergefallen ist, da ist auch etwas weggebröselt, mit dem ich fest gerechnet hatte, und zwar nichts Geringeres als mein Zuhause in Berlin. Ich dachte, als ich nach England gezogen bin, ich hätte die perfekte Lösung für uns beide gefunden: Ich würde weggehen, dir mehr Raum lassen, ich würde in Oxford viel arbeiten, ins Museum gehen und auf Konzerte, und dann würde ich einmal im Monat nach Berlin zurückkehren, zu dir, mit meinem eigenen Schlüssel zu deiner Wohnung, kommen und gehen. Ich war großzügig, ich überließ dir unser Berlin. Jetzt aber will ich es zurück. Du sollst diese Stadt nicht haben, jedenfalls nicht für dich allein.

In Schöneberg schließen sie langsam alle Baulücken und sogar die Häuser, die man hier nach dem Krieg rasch hochgezogen hat – niedrige Stockwerke, kleine Fenster –, reißen sie wieder ab, um elegante Neubauten an ihre Stelle zu setzen. Wie es manchmal so scheint, als sei all das hier – das Beliebige wie das Geplante – nur Hülle und Symbol für irgendetwas. Als läge eben hinter jener Welt eine andere, wirklichere, für die unser Leben und unsere Berge und der Geschmack von Blut in meinem Mund nur Zeichen sind. Dann wäre dieser Eindruck von Irrealität und Absurdität, den man nie ganz abschütteln kann, wahr und nicht nur die Gaukelei eines Denkens, das eigentlich immer mehr will: mehr Eindeutigkeit, mehr Ordnung, mehr sinnliche Gewissheit. Chronotopische Wälder mit echtem Licht.

Beim Lesen von Hustvedt werde ich daran erinnert, wie vampirisch Kunst ist. Nekromantisch. Man ringt jedes Wort dem Leben ab, aus diesem Tisch mit dem abgeblätterten Lack schreibe ich es heraus, aus dem Kerzenstummel, in dessen Wachs ein Fünf-Cent-Stück feststeckt, aus den Menschen um mich herum, die nichts davon ahnen und die eine Kulisse aus gefälligem Raunen bilden, das befriedigende Geräusch, mit dem eine Tasse zurück auf ihre Untertasse gesetzt wird. Das Kunstwerk ist ein nasser Sack, eine hängende, spannungslose Membran, die darauf wartet, dass man sie animiert, etwas mit ihr macht.

Die wohlbekannte Frage: Die Venus von Milo in einem stockdunklen Raum, ohne Menschen - gibt es die noch? Aber auch, umgekehrt: Was bleibt übrig von mir, wenn man die Bücher subtrahiert, die Verse, von denen nach Jahren manchmal nur noch die Melodie bleibt, ohne ein einziges Wort? Was wäre ich ohne das ästhetische Empfinden, wenn ich hinüber zu den Fassaden auf der anderen Seite des Platzes schaue und denke *steil, gerade, aufrecht, Scheinpilaster, sich zusammenreißen, Belle Etage?* Wie unmöglich wäre es uns letztlich doch, so etwas wie Politik, Geschichte, das Gute und das Böse zu begreifen, wenn wir es nicht mit Kunstwerken tun würden, die uns einerseits das Vertraute zeigen, uns selbst, und die andererseits wankelmütig sind. Nicht ganz berechenbar.

»I don't treat artworks as I would treat a chair«, schreibt Hustvedt, »but I don't treat them as a real person either.« Gehört Kunst so nicht auch in das *uncanny valley*, in diesen Schwellenbereich, in dem wir uns nicht wohlfühlen, der uns aber reizt, weil wir in ihm nicht richtig einordnen können, was die Dinge sind, zu welcher Kategorie sie gehören - belebt, unbelebt? menschlich, tierisch? -, ob sie uns gleichen und wenn ja, inwiefern?

Manchmal findet man eine Kiste, in der man bei einem Umzug, oder als man eine Kommode verkauft hat, hastig ein paar Dinge verstaut hat, gerade so, wie sie einem in die Hände fielen und wie sie damals alltäglich waren. Eine solche Kiste steht bei Malte unter dem Bett; ich habe sie dagelassen, als ich nach England gegangen bin (die

Fahrt mit dem Mietwagen von Berlin nach Köln: Als es dämmerte, hatten wir nicht einmal die Hälfte der Strecke geschafft, wir saßen vor einem Rastplatz an einem runden Metalltisch, tranken riesige Tassen Kaffee, mit Blick auf einen verlassenen Spielplatz, Malte rauchte, ich betrachtete sein schönes Handgelenk).

Jetzt hole ich die Kiste hervor, eine Konserve aus dem Sommer 2015. Probebohrung hat der Professor, bei dem ich früher als Hilfskraft gearbeitet habe, das genannt, wenn man ein konzentriertes Stückchen aus einer Zeit herausschneidet und all seine Elemente analysiert. Da ist der Papp-Flamingo, der schon an der Tür des Zimmers geklebt hat, als ich eingezogen bin. Ein paar Muscheln von der Ostsee. Auch ein Foto von der Ostsee: Du und ich, 2014 (ich habe noch lange Haare), mit unseren Fahrrädern und Rucksäcken. Ein kleines Bild, das Gudrun und Horst gemalt haben. Ein Schwarz-Weiß-Foto aus Prag, das Marianna mir geschenkt hat. Eine Postkarte von meiner Mutter mit einer Szene aus dem *Ramayana* vorne drauf (Bharata und Shatrughna werden von Bharadvaja empfangen, der in einer Laubhütte sitzt, davor brennt ein kleines Feuer, angefacht von einem Diener. Das Ganze geschieht seltsam zur Seite gedrängt, im Zentrum des Bildes aber erhebt sich ein grüner Hügel, vielleicht auch ein bewachsener Felsen, umgeben von hellem, schlammigem Wasser, das fast weiß ist). Ein Foto von Lara und mir aus dem Automaten (als sie in Berlin war? Am Hermannplatz?), darauf Glitzerreste. Noch eine Postkarte von meiner Mutter, diesmal mit Siegmar Polkes *Sternhimmeltuch*, vom 24. Juni (ihrem

Geburtstag). Eine Postkarte von Lara, unbeschrieben, vorn ein Foto aus einer Ausstellung im Musée de l'Elysée Lausanne, geschossen von Harald Hauswald in einem Jugendclub in Ostberlin 1989: zwei Jungen, die sich küssen. Eine Karte mit einem Bild von Max Liebermann, die ich in seinem Haus am Wannsee gekauft habe, als ich mit meiner Mutter da war. Es zeigt das Haus am Ende der Birkenreihe, über dem Dach ist der rosaweiße Himmel ganz pastos, die Farbe dick aufgetragen. Schließlich eine große, quadratische Karte von Gerhard Richter (die Informationen hinten von einem Tesafilmstreifen abgerissen, man kann nur noch erkennen, dass es in der Tate hängt) und ein violetter Aufkleber von der kritischen Orientierungswoche der Berliner Unis mit der Aufschrift »Still not loving Regelstudienzeit«. Ich erinnere mich, wie ich all das an die Wand gehängt habe, direkt neben die Zimmertür aus gelbem Glas – wie die Fenster im Haus gegenüber das Licht auffingen und herüberwarfen. Es war Anfang Mai. Shaheen, Mohammed und Khalil hatten mir beim Umzug geholfen und saßen jetzt mit Apfelsaft in der Küche, gleich würden wir losgehen, auf der Sonnenallee etwas essen.

Ich erinnere mich auch, wie ich all das abgehangen und in die Weinkiste gelegt habe, die mein Nachttisch war. Wie wir in der letzten Nacht, als Merle und Lisa schon ausgezogen waren, zwischen Kisten und Säcken in meinem Zimmer im Dunkeln auf dem Fußboden gesessen, einen Joint geraucht und Beach House gehört haben. Das ganze Jahr 2017 – das verfluchte Jahr nicht nur für mich, ein verfluchtes, gottverlassenes Jahr für die ganze Welt-war voller Abschiedsrituale, die ich nicht immer als solche erkannt habe. Ich bin mit einem blinden Schmerz herumgelaufen, von dem ich nicht wusste, wo er herkam und was er von mir wollte. Inzwischen bin ich klüger oder zumindest kenne ich jetzt meinen Schmerz. Er jagt mich nicht, er wohnt mit mir.

Seltsam, genau zu wissen, wo du bist und wo ich bin. Uns trennt ein zwanzigminütiger Fußweg, keine zwei Kilometer. Vielleicht schläfst du noch. Es hat in den frühen Morgenstunden begonnen zu schneien, erst kleine, spröde Papierflocken, nun schon heftiger. Vor ein paar Monaten wäre ich zu dir gelaufen, hätte dir ein Croissant mitgebracht. Später wären wir nach Dahlem in die Bibliothek gefahren oder in die Stabi. Ich hätte versucht, dich zu überreden, *Call Me By Your Name* um halb zehn im Neuen Off zu schauen. Du hättest vermutlich zugestimmt. Wie selbstverständlich das alles noch vor Kurzem war. Das letzte Mal, als ich nach Berlin kam - an einem Dienstag, abends um halb neun -, hast du mich vom Flughafen abgeholt. Ich kann daran denken und sehe genau vor mir, wie du dastandst zwischen den anderen Wartenden, ein wenig abseits, in deinem braunen Mantel und mit dem Basecap der Chicago Cubs in der Hand. Dieses Mal habe ich dir nicht gesagt, dass ich hier bin.

2010 hat mir Lena einen Aufkleber aus der Schaubühne mitgebracht, auf dem ein Zitat aus der *Antigone* stand:

»Hab ich dies, so hab ich alles.« Eine Genugtuung gegen alle Gesetze. Dinge, die einem niemand ausreden kann. Beständig wie Schwerkraft. Was wäre das jetzt? Ich muss alles in die Hand nehmen, umdrehen, schauen, ob es noch ganz da ist. Der Schreck darüber, dass einem einfach so das Zentrum geraubt werden kann, zittert noch nach. Auch die Peinlichkeit, dich überhaupt so ins Zentrum gerückt zu haben. Zugelassen zu haben, dass ich ganz aufgehe in diesem Duundich. Du hast einmal gesagt, ich sei wie das eine Haustier in der Haustiergemeinschaft, das, wenn die Besitzer in den Urlaub fahren, am ersten Tag alles Futter aus den Schalen frisst und dann ist ihm schlecht und alle anderen Tiere schütteln die Köpfe, zumindest wenn das etwas wäre, was Tiere tun würden. Wie ich hier sitze und alles aufschreibe, als läge darin eine Art von Absolution, wie ich jedes schmerzhafte Detail hervorkrame. Ich werde mich nie zurückhalten können. Wenn meine Mutter Kuchen oder Süßigkeiten isst, dann sagt sie halb zu sich selbst, halb zu mir: »So, noch eins und dann ist es gut.« Wie wütend mich das immer macht, wie ich jedes Mal den Drang verspüre, dann erst recht drei Stücke zu nehmen und in mich hineinzustopfen oder nie auch nur ein einziges Stück anzurühren. Nichts ist gut. Kein Maß kenne ich, ich habe nie ein Maß gehabt. Hab ich dies, so hab ich alles, aber eigentlich ist es eher so, dass ich immer alles will.

Die Liesl mit den dunkelgrünen Wänden und dem Ast an der Decke, meine Liesl. Hier habe ich Hof gehalten, als sei ich Königin. Einmal, an Andreas Geburtstag, haben wir zwischen den Tischen getanzt. Einmal, im November 2012, habe ich dich hier getroffen, zum ersten Mal am Abend und außerhalb Dahlems. Ich habe mit einer Schachtel Zigaretten auf dich gewartet. Heute Abend spielen sie Miles Davis' *Bitches Brew*, ausgerechnet. Eines der Lieblingsalben meines Vaters, die endlosen Sonntagnachmittage in der Wohnung in Steglitz, der Geruch von schwarzem Tee. *Bitches Brew*. Ich will so sehr mit dir sein, mit deiner Schulter, deinem Hals, mit deinen dunklen Haaren, die mir alles bedeutet haben. Meine Hand in sie zu legen war, als wäre alles wirklich. Als gäbe es eine Welt da draußen, Tischkanten, Asche, eine Antwort auf eine Frage, die man mit einem halben Grinsen zwischen den Zähnen gestellt hat, eine Freiheit, die einem niemand geben, die man sich nur selbst nehmen kann.

Der Lieslwein, ein Blauer Zweigelt, dicht und dumpf wie ein alter Winterabend auf dem Land. Malte und ich haben eine Karaffe davon zwischen uns und endlose Zigaretten und ein endloses Gespräch, das wir seit Jahren führen, das wir begonnen haben, als wir im ersten Semester im Schwarzen Café saßen und mitten in der Nacht frühstückten. Ich weiß noch, dass es angefangen hat mit der Bemerkung von ihm oder mir, dass man sich nicht vorstellen könne, wie andere Menschen so selbstverständlich mit ihrem Körper umgingen, sich routiniert und gedankenlos die Zähne putzten zum Beispiel oder das Gesicht wüschen, ohne zu erschrecken. Aber von da ist es längst wegmäandert, in eine Region aus Wut und

Stolz und Angst. Vielleicht geht es bei dem Gespräch auch schon nicht mehr darum, sich auszutauschen über ähnliche Erfahrungen, sondern um das Bauen einer privaten Welt und um die gegenseitige Versicherung ihrer Existenz. Der Wunsch, in die Wüste zu gehen, sich niederzuwerfen, hoch zu Ross zu sein, den kennst du doch auch, nicht wahr?

Ich wache in Maltes Bett auf, als er schon unterwegs ist. Ich bin immer gern in Maltes Wohnung gewesen. Nach Westen raus schaut man über eine Ansammlung von Fahrrädern und Mülltonnen hinweg in die Bäume, Malte wohnt hier schon eine Ewigkeit, nicht ganz seit ich ihn kenne, aber fast. In der Zeit bin ich dreimal umgezogen. In Maltes Wohnung kenne ich all die Gegenstände so gut, die kleinen achteckigen Tassen aus schwarzem Porzellan, die Kaffeemühle, den Aschenbecher aus grünem Glas, ich kenne das Fenster im Badezimmer, das schlecht schließt, und das Gefühl, in dem Sessel zu sitzen, der früher Mathilde gehört hat und dessen eines Bein zu kurz ist. Ich kenne selbst die Lichtverhältnisse in den unterschiedlichen Jahreszeiten.

Einmal, als ich für den Sommer meine Schöneberger Wohnung untervermietet hatte und Malte im Urlaub war, bin ich hierhergekommen. Es war ein Sonntagnachmittag Ende Mai, das Holz des Fußbodens war schon warm von der Sonne. Ich hatte zwar eine Zigarette, aber kein Feuerzeug, also habe ich sie an einer Herdplatte angezündet. Dann habe ich im Schneidersitz vor dem offenen Fenster gesessen, an die Wand gelehnt, und zugeschaut, wie im Hof die Dunkelheit heraufstieg, die Vögel erst lauter, dann ruhiger wurden, dann verstummten. Jetzt, da ich an der gleichen Stelle am Schreibtisch sitze, in einem Winter, der kein Ende nehmen will, und an damals denke, packt mich eine solche Sehnsucht nach dieser Sommertraurigkeit und gleichzeitig die Angst davor, wie es sein wird, ohne dich in den See zu springen. Wie machen andere Menschen das, die nicht davonlaufen und sich in der Welt und in der Wohnung von Freunden und unter dem Dach ihrer Eltern verstecken können? Wie schleppen sie sich durch diesen Verlust? Es erscheint mir fast unerträglich oder es erscheint mir nur erträglich, weil es mir gelungen ist, so viel Stille und Distanz zwischen uns zu bringen wie nur irgend möglich. Ich war nie dafür geschaffen, damit umzugehen, dass mir die Sicherheiten schwinden und die Felle schwimmen – aber wer ist das schon? Bin ich dünnhäutiger als andere, oder kann man nicht vielmehr diesen Schmerz als eine der wenigen wirklich universellen Größen betrachten? Natürlich verlangt es in mir danach, diese Verletzung außergewöhnlich zu machen, aber – und das ist die wahre Beleidigung – sie ist wahrscheinlich das Alltäglichste auf der Welt.

Vor dem Tischendorf in der Sonne sitzen, Hustvedts *Inside the Room* lesen, gleich muss ich eine Zigarette rauchen, gleich muss ich es noch einmal lesen. Zwei Menschen, in einem Raum, miteinander sprechend, oder die eine spricht zu der anderen – ist das nicht genau das, was gerade eben, an diesem blassen, wankelmütigen Tag zwischen Berlin und New York, ihr und mir geschieht? Der Hunger - der Hunger durch all diese Jahre hindurch, unbändig. Der Drang, *anders*, man weiß nicht wie, mit diesem Körper in dieser Welt umgehen zu müssen. Ihn an die Dinge zu stoßen und zu reiben, ihn zu biegen und loszuwerden, manchmal durch ihn hindurch etwas zu erfahren, zu dem mir das altmodische Wort Beglückung einfällt. Ein Glück also, das über einen kommt, reinregnet. Lara, die heute im Tischendorf ihre letzte Schicht hat, bringt mir einen Kaffee und einen Sekt. Früher, wenn ich in Köln ausgegangen bin, an Abenden, an denen es regnete und ich mir in der Küche meiner Eltern Weißwein in eine Wasserflasche gefüllt habe, um sie in der Linie 1 auf dem Weg rein in die Stadt auszutrinken, hatte ich manchmal dieses Gefühl. Ein sehr physisches, ein Heraufziehen aus der Stelle unter dem Magen, wie ein warmer Strahl. Als würde ich aufgezogen, ein mechanisches Spielzeug, als ginge es gleich los.

Aus der Welt und ihren Menschen mehr herausholen wollen, als sie für gewöhnlich zu geben bereit sind. Das Entsetzen über den Alltag als eine Entstellung unserer Wirklichkeit: Wie *können* wir so leben, dass wir über den Wein sprechen und uns fragen, wann die Bäume wieder blühen, als würden die Dinge so weitergehen, unerschöpflich, unverbesserlich, wenn in uns doch etwas ist, das einen Gott einfordert, der kommt, uns auseinandernimmt und von Grund auf neu macht?

Nach Dahlem zu fahren, ist das ultimative Déjà-vu – ich sitze wieder im ersten Stock der Philologischen Bibliothek, schaue nach Südwesten raus, warte wie Hunderte von Malen zuvor auf irgendetwas von dir, ein Zeichen, eine Nachricht, auf das Okay, nach Hause zu gehen, und zugleich ist es so, als sei das ganze Gebäude geläutert worden, als hätte jemand die Jahre zurückgezogen und aufgerollt, das Gegenteil von einem Déjà-vu im Grunde: Es fühlt sich an, als sei es noch nie so gewesen, obwohl ich weiß, dass es schon oft so war.

Wer hält mich jetzt davon ab, aufzustehen und hinauszugehen in diesen grauen Märznachmittag, der daliegt und wartet, so geduldig wie eine Skulptur? Gerade habe ich noch in der Ringbahn Malte mit einem Kuss auf die Wange verabschiedet und schon bin ich verschwunden, in dieses Dahlem hinein, ins Verborgene, als würde die U3 Richtung Krumme Lanke einen sonst wohin tragen, in eine Zeit nach dem Krieg oder in die Achtzigerjahre, in das Jahr, in dem mein Vater sich habilitiert hat; der Sekt und Orangensaft in seinem Büro. Die Rost- und Silberlaube war ein märchenhafter Ort, als ich klein war, hinter Brombeerhecken, lange blaue und rote Gänge, in Dämmerlicht getaucht. Dass ich nun mit einem erwachsenen Schritt, mit halbhohen Absätzen hindurchgehe, ist in diesem Moment wie etwas aus einem Traum kurz vor dem Erwachen.

Als ich dich sehe, dein Gesicht, das ein wenig müde ist und dann erstaunt und dann erfreut, während du die Punkte zusammensetzt, die mich bilden, könnte ich kurz laut aufheulen. Ich halte eine Flasche Mineralwasser in der Hand, so eine dumme Alltäglichkeit, es hört eben nicht auf, ich gehe in die Mensa und trinke Wasser und du isst zu Abend und liest Lacan und wäschst dir die Haare mit einem Shampoo, das nach Mandeln riecht, und schreibst eine Einkaufsliste auf die Ränder der *ak*.

Wir gehen eine Weile in dein Büro, und du packst deine Sachen zusammen, ich sehe dir dabei zu, während ich im Schreibtischstuhl sitze und mich drehe. Wir sind keine Freunde, aber was sind wir dann? Ich sage dir nicht, dass ich gelesen habe, man solle nach einer Trennung mindestens drei Monate vergehen lassen, bis man wieder miteinander in Kontakt tritt, aber wie verhält es sich, wenn man nie richtig ausgesprochen hat, dass man sich jetzt trennt? Verteufelt einfach ist es. Schnell fällt man hinein in diese leichte Alltäglichkeit, als wir durch den Dahlemer Abend laufen, an der Möckernbrücke auf den Ersatzverkehr warten. Man findet sie wieder, die kleinen Gesten, von denen ich denke, dass du sie niemandem sonst zu sehen gibst außer mir. Wir essen Falafel bei Sahara, du erzählst mir, dass dein Bruder jetzt ein Kind bekommt. Ich sage dir, dass ich auch gerne bald Kinder hätte, eigentlich nur, um dich aus der Reserve zu locken. Du schaust mich an und lächelst und weißt die richtigen Dinge darauf zu sagen, du bist, wie Joan Baez über Bob Dylan singt, »so good with words and with keeping things vague«, dass es mich schier wahnsinnig macht und bezaubert, alles zugleich.

Über eine Fotografie von Robert Mapplethorpe (*Mark Stevens, Mr. 10 1/2*) schreibt Hustvedt: »I am looking at a fantasy here, a fantasy about control.« Das Bild ist ganz in sanften Grautönen gehalten, weniger kontrastreich als andere von Mapplethorpes Aufnahmen. Mark Stevens' Haut, der Steintisch oder -block, über den er sich lehnt, das Leder seiner Hose, die vorne und hinten große Cut-Outs hat – alles scheint sanft zu schimmern. Er hat keinen Kopf, man sieht nur den eingezogenen muskulösen Bauch, den Penis, der schlaff auf der Tischplatte liegt, einen Teil der Kurve des Arsches. Auf seinem rechten Oberarm prangt ein kleines, kindliches Tattoo von einem Teufel. Wer in dieser Bildfantasie die Kontrolle behält, scheint erst einmal klar: Natürlich suggeriert Mark Stevens' Pose, dass er die Kontrolle abgegeben hat – wir sehen seine Hände und Füße nicht, aber sie könnten ebenso gut festgebunden sein –, dass er genommen werden kann. Gleichzeitig denke ich sofort, dass er die Betrachtung vollkommen kontrolliert, dass die Lederhose, die Haltung seines Körpers, die angespannten Muskeln es ihm erlauben, genauso gesehen zu werden, wie er gesehen werden will. Und schließlich fällt mir ein, dass wir kein Selbstporträt vor uns haben, sondern das Arrangement eines Künstlers, der uns an seiner eigenen Fantasie teilhaben lässt oder auch nicht und der uns etwas zeigt, was ihm vielleicht später peinlich ist oder was ihn stolz macht, was uns anzieht, weil wir nicht wissen, wie wir in diesem Arrangement sein dürfen, wie nah wir drankommen.

Huvstedt schreibt weiter: »For all human beings, distance, the inability to get what you want, is exciting.«

Als du mir die Nachricht geschrieben hast, in der stand, dass du mit S. geschlafen hast, saß ich im Bus zwischen Oxford und London. Es war ein hoher, kalter Tag, viel Wind, als ich durch die Kensington Gardens lief. In der Serpentine Sackler Gallery schaute ich mir die Bilder von Wade Guyton und Rose Wylie an, wobei ich nicht richtig geschaut, sondern eher gestarrt habe, stumpf und verständnislos. Gleichzeitig hatte ich das Gefühl, noch nie so rezeptiv gewesen zu sein wie in diesem Moment. Nichts kam zusammen zu einem Sinn, aber jede Form und Farbe, die kleinen Bleistiftlinien unten am Rand, das Blau und daneben das Gelb gesetzt, all das sog ich gierig auf, als sei darin eine Rettung zu finden. Später aß ich in einer Brasserie in Soho, ich weiß beim besten Willen nicht mehr, was. Nichts von dem, was passiert war, kam überraschend, und das war vielleicht das Schlimmste daran: Die Vorhersehbarkeit, die Banalität daran. Trotzdem hatte ich an diesem Tag die ganze Zeit ein Gefühl von Schwindel, als hätte sich etwas leicht verschoben und ich meinen sicheren Tritt noch nicht wiedergefunden. Es sei zuerst sehr schön gewesen, schriebst du, und dann am nächsten Morgen schrecklich.

Ich bin jetzt, denke ich, in einem Alter, in dem es keine Transgression mehr bedeutet, angefasst zu werden. Man wächst ja eine ganze Weile so auf, dass man mit überkreuzten Beinen unter dem Rock im Café sitzt, als säße man in einer Teedose und könne alle Avancen mit einem Blick abwehren. Warum macht man das? Aus Angst, sich zu verlieren in dem, was die Menschen zu einem hintreibt? Als sei das Begehren der anderen etwas Unerhörtes und Unangemessenes. Lange genug habe ich das wie eine Glocke um mich herumgetragen, das *noli me tangere*. Wenn ich es einmal aufgebrochen und jemanden an meinen Körper herangelassen habe, dann geschah das mit Kalkül. Jetzt denke ich, man könnte ruhig etwas schonungsloser und großzügiger mit dem eigenen Körper umgehen. Was macht das schon? Was soll das bisschen Begehren anrichten?

Es war mitten in der Nacht im Februar, der Wind pfiff durch alle Ritzen. Wir hatten seit Stunden geredet, es war kein Streit, aber ich kann auch nicht sagen, was es sonst war. Irgendwann habe ich meine Hände auf deine Schultern gelegt und gesagt: »Stell dir doch vor, dass wir uns noch gar nicht kennen.«

Wir würden uns auf einer Party treffen, in einem Zimmer voll Rauch und Bierflaschen auf dem Fußboden, neu und verheißungsvoll, Tanzen auf Socken. Ein herübergeschleudertes Lächeln. »Hi, ich bin Gesa«, hätte ich gesagt, »ich mache so etwas mit Literatur.«

Ist das nicht der geheime Wunsch in jeder Liebe, besonders aber in der Art von Liebe, die schiefgeht? Die Fantasie, dass man jeden Tag neu anfängt? In einer anderen Haut voreinander steht, bezaubert? Dass man sich wieder und wieder füreinander entscheidet, ja, und doch alles ganz anders macht? Als ich zwölf Jahre alt war, sah ich in Florenz Bronzinos Gemälde *Ritratto di Lucrezia Panciatichi* und fand den Spruch, der auf den Goldplaketten ihrer Kette steht, »amour dure sans fin«, die Liebe hört niemals auf, eine verheißungsvolle, magische Formel, die sich um das Gefühl zu schließen versprach wie Bernstein um eine Fliege. Im Museumsshop der Uffizien suchte ich mir damals ein Tagebuch aus, auf dessen Deckel das Lucrezia-Porträt gedruckt war. Im folgenden Jahr schrieb ich täglich darin. Der Ton meiner Schilderungen von Klassenarbeiten, Wochenendspaziergängen, Übernachtungen bei meiner Freundin Caroline in Kleinmachnow wechselt ständig zwischen peniblem Alltagsbericht und freiem Fantasieflug. Gerade noch beschreibe ich detailliert den Frühstückstisch, dann bricht mein Wunsch nach einer ganz anderen Ordnung hervor, nach Galoppieren und Rufen, das Gefühl, gefangen zu sein in einem schnöden Allerweltsleben. Immer wieder taucht der Satz »ich allein höre das Rauschen« auf. Die Idee vom Rauschen hatte ich auch aus einem Rilke-Gedicht (damals wusste ich noch nicht, dass es im *Malte Laurids Brigge* steht):

> Du machst mich allein. Dich einzig kann ich vertauschen.
> Eine Weile bist dus, dann wieder ist es das Rauschen,
> oder es ist ein Duft ohne Rest.

Das Rauschen und die Liebe, die nie aufhört, die dauert und dauert – beides schien mir damals auf mich zuzukommen wie ein Versprechen.

Es gibt diese Stelle in *Blade Runner 2049*, in der Officer K mit seiner Freundin, der künstlichen Intelligenz Joi, schläft. Da Joi ein Hologramm ist, benötigen sie dafür die Prostituierte Mariette als Mittelsfrau. Die Körper der zwei Frauen überlappen sich, nie verschmelzen sie ganz zu einem. Es sind letztlich vier Hände, oder dreieinhalb, zweieinviertel Hände, die über Ks Hals und Rücken streichen, und man muss nicht weit ausholen, um hier eine Verbildlichung dessen zu sehen, was sowieso beim Sex passiert, diesem schlecht verblendeten und oft nur notdürftig ineinandergesteckten Miteinander eines idealen Körpers und eines realen. So wie die zwei Körper des Königs, die Kantorowicz beschreibt, nie ganz ineinander aufgehen, sondern immer den Akt der Konstruktion benötigen, so ist dieser ganze Prozess des Sich-voreinander-Ausziehens und Ineinander-Eindringens Überbrückungsarbeit.

Als ich an einem Donnerstagabend am Heiners vorbeilaufe und dein Fahrrad an der Laterne davor angeschlossen sehe, bleibe ich auf der anderen Straßenseite stehen. Durch das Fenster kann ich dich sehen, wie du am Tresen stehst, im leichten Kontrapost, ein Getränk vor dir. Wie du gelassen in die Jackentasche greifst, nicht um das Handy herauszuholen, sondern um Tabak und Streichhölzer behutsam vor dich auf die Theke zu legen, diese Bewegung ist neu. Als die Tür geht, drehst du den Kopf, als würdest du jeden Augenblick jemanden erwarten. Du bist nun also einer, der ausgeht und nicht weiß, was der Abend bringt. Es macht mich eifersüchtig, nicht unbedingt auf die anderen Menschen, die dich kennenlernen, sondern auf dich.

Mich selbst, mich stößt die Nähe ab, gleichzeitig sehne ich mich nach ihr. Das Süße und Sichere. Ich verspreche mir nicht mehr das Gleiche von den Nächten wie damals, als ich neunzehn Jahre alt war. Ich trinke nicht mehr mit der Begeisterung von früher. Wenn mich die wilde Freude durchfährt, der Drang hinauszurennen, dann macht es mich eher misstrauisch. Ich erinnere mich manchmal deutlich, manchmal unscharf an die Zeit, in der es mir scheinbar ständig gelungen ist, solche Empfindungen von Euphorie und Schamlosigkeit zu kreieren - Malte, Mathilde und ich lehnen uns kopfüber aus dem Wohnzimmerfenster ihrer Eltern in die nächtliche Straße in Mitte hinein, New Orders »Crystal« dröhnt auf höchster Lautstärke, über der Museumsinsel liegt ein roter Schein und dazwischen ein Sternenhimmel, der immer näher kommt - wenn das einmal möglich war, dann doch prinzipiell immer wieder, oder? Wenn ich genug Wasser getrunken, die künstlichen Hormone aus meinem Körper gewaschen, Paranüsse und Granatäpfel gegessen habe, wenn ich mit schnellen Schritten hinab in die U-Bahnstation laufe und in dem Moment ein Schwall warmer Luft das Kommen der Bahn ankündigt, U7 einmal von West nach Ost, jedem Fremden ins Gesicht blicken, herausfordernd und schön.

Die Scham darüber, was man einmal war und was man wollte. Dieser Flirt mit dem Großen und Dunklen. Ich habe mich davon losgerissen, ja, aber der Frieden, den ich mir davon versprochen habe, ist nie so recht gekommen. Stattdessen bleibt ein flaues Gefühl, immer dann, wenn das Licht am Ende des Nachmittags schwindet, Orientierungslosigkeit und manchmal eine Angst, die mir den Hals zuschnürt, die nun völlig fehl am Platz ist, denn der Rand des Abgrunds wurde schließlich verlassen und die Bedrohung abgewandt, nicht wahr? Was also steckt hinter dieser Traurigkeit am Abend? Ich will dann zu dir rennen, ich will in den Arm genommen, gewiegt und getröstet werden, jemand, du, soll das Unglück von mir nehmen, das keinen Namen hat.

Es ist so, als sei etwas versäumt worden. Als würde etwas an die Tür klopfen in der Nacht, wie wenn man im Märchen vergessen hat, die gute Fee oder die weise Frau oder den Geist aus dem Brunnen zu bezahlen, der einem drei Wünsche erfüllte.

Ich bin in diesem Jahr genauso alt wie Malte Laurids Brigge, als er seine Aufzeichnungen macht. Das ist mir vor ein paar Tagen aufgefallen und ich hätte gedacht, es würde mich mehr schockieren. Stattdessen dachte ich vage so etwas wie: *natürlich*. Als ich im Oktober 2009 zum ersten Mal die Stelle mit den Wandteppichen las, in meinem Moabiter Zimmer, am Abend, und aufschaute, mit Schrecken und schneller Freude, als hätte ich ein günstiges Geheimnis erfahren, an meiner Wand das Poster mit dem Löwen und dem Einhorn hängen sah, da hat es mich noch richtig überrascht, da wollte ich allen davon erzählen.

Jetzt weiß ich schon, wie der Hase läuft. Man mag Muster in dieser Geschichte:

> Es ist lächerlich. Ich sitze hier in meiner kleinen Stube, ich, Brigge, der achtundzwanzig Jahre alt geworden ist und von dem niemand weiß. Ich sitze hier und bin nichts. Und dennoch, dieses Nichts fängt an zu denken und denkt, fünf Treppen hoch, an einem grauen Pariser Nachmittag diesen Gedanken:

Ein lautes Lied, das ist etwas ganz Mechanisches. Zunächst liegt kein besonderer Genuss darin, kein Trieb.

Es funktioniert durch Hebelwirkung. Mit der Zeit aber kann man eine ruhige und feste Art von Befriedigung daraus ziehen, eine, die mit den Schwertern im Tarot zu tun hat, die für Vernunft, Logik und Entscheidung stehen.

Ich bin mit Sarah in die Galerie im Körnerpark gegangen. Die Galerie, denke ich, war früher bestimmt einmal eine Orangerie. Im Herbst hat man die Orangen- und Zitronenbäumchen von der Terrasse hier hereingeschoben. Und davor, als das, was jetzt Park ist, noch eine Kiesgrube war? Die Ausstellung ist kuratiert worden von Anne Brannys, es geht um das Zarte und viel ums Verschwinden. In der Mitte des Raumes bewegt sich *nothing will ever be the same* von Edith Kollath, ein weißes Tuch an Nylonschnüren, das unermüdlich hinauf bis unter die Decke gezogen wird und dann wieder herabfällt. Wir stehen davor und können uns nicht losreißen: ein animiertes Ding. Etwas, das sich scheinbar für sich und von sich aus bewegt, wie ein Tier. Wir sind gerade die einzigen Besucher in der Ausstellung, aber das Tuch vollführt dieses Ritual nicht für uns. Es vollführt es für die Eingeweihten, die es verstehen. Es hat mit uns nichts zu schaffen.

Als wir die Galerie verlassen, liegt draußen die blaue Stunde. In den Figuren-Nischen entlang der Parkmauer, in denen vielleicht einmal Statuen standen (Hermes, Flora, Persephone) haben sich stumm ein paar Jugendliche versammelt. In einer anderen schläft ein Mensch, eingewickelt in einen Schlafsack.

Vielleicht werden wir das Konzept von Liebe, mit dem wir seit geraumer Zeit arbeiten (seit wann eigentlich genau? Knapp seit Werther? Also seit zweihundert Jahren etwa?), genauso von uns stoßen wie die Leiter, mit der Wittgenstein seinen *Tractatus* vergleicht und die obsolet, sogar hinderlich wird, sobald man sie einmal hinaufgeklettert ist. Unsere Liebe hat so viel damit zu tun, ein abgeschlossenes Subjekt zu sein, das frei auswählen kann, wem es die Gunst der Öffnung gewährt. Wir verfahren mit unserer Subjektivität wie mit einem Wert, der es uns erlaubt zu handeln. Aber Liebe ist ein *risky business*. Im Grunde ist das Subjekt ihr Feind. Eigentlich treibt sie doch der Wunsch, die Integrität und Unabhängigkeit eines anderen Menschen zu zerstören. Diese uneigennützige Liebe, bei der es dem anderen um jeden Preis gut gehen soll, ist doch nicht mehr als der dünne, fadenscheinige Schirm, durch den der dunkle Drang, gewaltsam in ein anderes Leben einzubrechen und alles an sich zu reißen, durchschimmert.

Schön, denke ich, wenn Menschen so machbare Wünsche haben wie: ein Fahrrad, einen sportlichen Körper, ein Haus mit einem ausladenden Esstisch. Schwieriger, wenn man sitzt, aufschaut und es einen kitzelt, sich in die Ecke zu stellen, um mit der Wand zu verschmelzen. Ich schaue aus dem Fenster des Cafés einer Gruppe Jugendlicher zu, Dreizehn- bis Fünfzehnjährige, die am Spielplatztor rummackern – was lässt sie abends nicht einschlafen? Jeder Einzelne von ihnen wird sich noch sehr gut daran erinnern können, wie es war, das letzte Mal geweint zu haben. Wie gelingt es, die wabernden Wünsche der Kindheit einzuhegen, die uferlos sind, und sie in genau abgesteckte, erfüllbare und brauchbare Bedürfnisse umzugestalten?

Ich schreibe dir am Morgen, nach dem ersten Kaffee, wenn man es eigentlich schon besser wissen sollte, etwas von Liebe. Wann werde ich aufhören, mit diesem Schmerz Löchlein in die Gleichförmigkeit zu bohren?

Ich bin eigentlich mit Andrea zum Abendessen verabredet gewesen, aber mittags, um ein Uhr, schreibt sie mir: »Hast du auch jetzt schon Zeit? Ich brauche einen Drink.« Wir treffen uns in der Ankerklause, auf der Terrasse über dem Kanal. Als sie mich sieht, bekommt sie noch kurz ein Lächeln hin, bevor sie anfängt zu weinen. Wir sitzen uns gegenüber und versuchen die Fassung zu bewahren. Um uns herum lauter Touristen auf Berlinbesuch, die Sonne knallt wunderbar auf die gelben und weißen Prunkfassaden drüben am Paul-Lincke-Ufer. Wir trinken Weißweinschorle, so ein albernes, sommerliches Getränk, weil es heute auf einmal frühlingshaft warm ist. Ich sehe Andrea eigentlich immer vor mir wie an ihrem Geburtstag im August, in ihrem roten Kleid, mit einem Sonnenhut, dabei trägt sie heute einen dunklen Pullover, was nichts ändert, ihre Gesten kommen trotzdem durch, ihre ausdrucksstarken, eleganten Andrea-Gesten, wie die einer Figur auf einem Botticelli-Gemälde. Und darüber reden wir: Wie man gescheit wird, furchtbar belesen und gebildet – und dann kommt doch jemand hereingetrampelt und man ist verloren. Ganz und gar verloren. Vielleicht war all das Wissen und Nachdenken eine Strategie, um damit umzugehen, dass man sich dumm und hilflos gegenüber der Welt gefühlt hat als Kind.

Über dem Kanal fliegt plötzlich ein großer Schwarm Möwen auf. Wir bestellen eine Runde Berliner Luft in kleinen Gläsern und sitzen uns weiter gegenüber mit unserem geballten Schmerz. Im Grunde gibt es nach der Zurkenntnisnahme nichts mehr zu sagen und doch ist man immerzu dabei, sich einen Sinn hineinzureden. »Increíble el primer animal que soñó con otro animal«:

Unfassbar das erste Tier, das von einem anderen träumte.
Ungeheuerlich das erste Wirbeltier, dem es gelang,
sich auf zwei Füße zu stellen und so Schrecken zu
verbreiten unter den normalen Wesen, die noch in froher

Erdennähe im Urschlamm krochen. Erstaunlich das erste Telefonat, das erste Wassersieden, das erste Lied, der erste Lendenschurz.

Der erste Satz von Carlos Fuentes *Terra Nostra*, das du mir letzten Sommer, wenige Tage bevor ich nach England zog, geschenkt hast. Ich finde das einen der grandiosesten Sätze, die ich je gelesen habe, wieder und wieder, ich kam kaum über diesen Satz hinaus in den ersten Wochen in meinem neuen Zimmer in Oxford. Er macht ja das Anfangen selbst zum Thema, diese Perversion, wenn sich etwas abspaltet, von dem, was bisher da war, und sich etwas Neues und Fremdes auf den Weg macht, im puren Selbstvertrauen, dass es auch sein darf. Dass alles, was es davor gab, eben nicht genug gewesen ist.

Ich habe Angst davor, dass du einsam bist. Diese Sorge um dich lässt sich nicht vermeiden, sie lässt sich nicht aussortieren. Es ist ihr gleich, was ich mir sage in den unbeweglichen Minuten zwischen Aufwachen und Aufstehen, in denen ich meine Kräfte sammle. Die Sorge macht einfach weiter, und ich kann mir noch so sehr vorhalten, dass sie weder mir hilft noch dir, dass sie gänzlich unbrauchbar ist, ein Überschuss an Bindung und Gefühl. Sie bleibt beharrlich.

Man muss natürlich lernen weiterzugehen, auch wenn man dann am Küchentisch sitzt und denkt, dass man ein Gefäß ist, beinah randvoll mit Traurigkeit. Die Traurigkeit lässt einen schmalen Spalt unausgefüllt, damit noch nach

Luft geschnappt werden kann, aber das ist auch schon alles. Das Luftschnappen geht schwer. Man kann sehen, ja, wie schön die gelben Osterglocken vor der blauen Wand sind, und es trotzdem nicht fühlen. »I know the truth when I feel it«, schreibt Hustvedt. Umgekehrt ist es mir gerade fast unmöglich, zu einem guten Wissen von den Dingen vorzudringen, zu Liebe, Sanftheit, Affirmation, während in mir dieses Heulen ist. Ein Wolf in den Gassen.

Gegen die Sorge um dich sage ich mir, dass du, wie ich, deinen Gefallen am Hadern hast. Eine Lust an der Unlust. Man kann sich ja mit dem eigenen Unglück beschäftigen wie mit einem Tier, das neben einem läuft wie ein Dämon in Philip Pullmans *His Dark Materials*-Büchern. Machst du das gerade? Ich hoffe, etwas trägt dich voran, das gleiche Gesetz, nach dem die Ozeane steigen, vielleicht.

Als ich aus dem Haus gehe, nehme ich mir Maltes Ausgabe der *Dialektik der Aufklärung* mit. Ein Sonderdruck zu Adornos 100. Geburtstag vom September 2003, da waren wir gerade von Berlin nach Köln gezogen und ich kam in die achte Klasse. Bald würde ich Ivy und Lara kennenlernen, wir würden mit hochgekrempelten Hosenbeinen ins lauwarme Wasser der Rheinauen waten, die weißen Kabel unserer geteilten Kopfhörer zwischen uns.

Ich setze mich in das Café im Sudhaus der alten Kindl-Brauerei, bestelle mir eine Cola und ein Sandwich und beginne, im Odysseus-Kapitel zu blättern. In den Büchern der anderen zu lesen, ist ja immer voyeuristisch. Malte hat eine Bleistiftklammer am Rand platziert, neben der Stelle:

»Die Geschichte der Zivilisation ist die Geschichte der Introversion des Opfers. Mit anderen Worten: die Geschichte der Entsagung. Jeder Entsagende gibt mehr von seinem Leben als ihm zurückgegeben wird, mehr als das Leben, das er verteidigt.« Wann hat er das gelesen und markiert? Habe ich es ihm angemerkt? Ich selbst habe die *Dialektik der Aufklärung* zehn Jahre nach Erscheinen des Sonderdrucks, im September 2013, gelesen, in dem unglückseligen Monat, in dem ich dachte, nun hätte ich dich wirklich und endgültig verloren. Ich habe damals nach harter Theorie gesucht, etwas, was unbarmherzig und konkret ist, an dem ich mich abmühen könnte, bis ich einschliefe. Der erste Satz, den ich in meiner Ausgabe in der Vorrede angestrichen habe, ist der, dessen Bewegung auch dieses Schreiben, dieses laute Lied, von Anfang an mitbestimmt hat: »Nicht um die Konservierung der Vergangenheit, sondern um die Einlösung der vergangenen Hoffnung ist es zu tun.«

In einer Hofeinfahrt in der Sophienstraße steht eine Kiste voll mit Kunstkatalogen, darunter *Black/Negro* mit Bildern und Notizen von Astrid Colomar. Im Vorwort nennt sie Kunst »una herramienta de conocimiento brillante, a luminous tool«, ein Lichtwerkzeug. Etwas, das aufklärt, indem es mit Sachen umgeht, aber worüber, eigentlich, werden wir uns dabei im Klaren? Das Paradox bleibt: Man versteht und man versteht nicht. Man wiederholt es. Ich lese wieder und wieder die gleichen Bücher, ich habe hundert Mal das gleiche Gedicht nachgesprochen, das gleiche Musikstück gehört (die »Tannhäuser-Ouvertüre«, »Ivy«

von Frank Ocean). Was lerne ich aus der Grammatik, aus dem Verhältnis zwischen zwei Takten oder Silben? Suche ich das Vertraute oder das Neue? Die perfekte Balance aus beidem? Ich beschäftige mich seit Jahren mit dem, was Sprache kann, was Sprache als Kunst will und macht, aber wenn es wirklich funktioniert, wenn ein Satz richtig sitzt, dann kann ich es am wenigsten erklären. Meine Schwester, die Neurowissenschaftlerin ist und in Projekten mitgearbeitet hat, in denen die quasi körperliche oder neuronale Seite von Gedichten beobachtet wird, würde vermutlich in Richtung Orientierung und Kommunikation argumentieren. Dass einen bestimmte gemeinschaftlich abgestimmte Formen freuen und beruhigen, weil sie uns helfen, miteinander und in der Welt zurechtzukommen. Die Sache ist aber, dass ich das Gefühl habe, sehr viel mehr als andere Menschen Lust aus dem Finden und Bilden dieser Formen zu ziehen und dabei keineswegs besser in Gesellschaft und Umwelt zurechtzukommen als sie. Im Gegenteil deutet für mich alles darauf hin, dass Kunst zu großen Teilen die Antwort auf einen Mangel ist. Die Evidenz, die aus den Kunstwerken hervorbricht und leuchtet, tröstet mich darüber hinweg, dass die Welt da draußen für mich sonst ein Wirrwarr bleibt. Die Kunst scheint ein Fenster aufzureißen und uns etwas zu zeigen, das einer anderen Ordnung gehorcht, und wir wissen nie, ob das, was wir da sehen, in einem anspruchsvollen Sinne wahr ist oder ob uns etwas vorgegaukelt und versprochen wird, eine Art Fehlfunktion unseres Denkens und Wahrnehmens, das es gerne anders hätte, als es ist. Inzwischen glaube ich, es ist wirklich 50/50: Es erscheint mir genauso wahrscheinlich, dass es Ordnung und Sinn in der Welt gibt, wie, dass wir in einem sich selbst vergrößernden Chaos sitzen. Um das erste Szenario zu wählen, brauchen wir in unserer Hand das *luminous tool.*

Ich sitze bei Sarah in der Küche und sie macht uns pochierte Eier und Toast und starken Kaffee. Heute Nacht habe ich hier geschlafen und die Güterzüge auf den Schienen der Ringbahn rattern gehört. Dabei habe ich wieder den kurzen Schauer von Schmerz und Sehnsucht gespürt, wie als ich ein Teenager in Amerika war und die endlosen, schweren Güterzüge durch die Nacht von South Dakota donnern hörte. Wie in all den Nächten, in denen ich mit dir auf einem der Bahnsteige - Hermannstraße oder Neukölln - gestanden und gewartet habe, wer weiß schon, worauf. Diese Versuchung, auszureißen, in etwas Seltsames und Wildes zu geraten, keinen Namen mehr zu haben.

Stattdessen bleibt man, es wird nicht unbedingt leichter, aber man macht halt weiter. Liest, schreibt, knöpft den Mantel zu und wickelt sich einen Schal um, wenn es morgens windig ist, geht ins Café und in die Bibliothek und überlegt, wo man Deutschunterricht geben könnte. Birgit hat immer gesagt: »Wir sind nicht auf der Welt, um schön zu sein.« Sind wir es genauso wenig, um glücklich zu sein und verliebt? Es gibt andere Formen, gesehen und gehalten zu werden, es gibt viele Dinge, an die man denken kann, ehe man einschläft.

Lara ist nach Weimar gefahren und hat mir ihren Schlüssel dagelassen. Ich bin ein Geist und ein Gast hier. Ich sitze in ihrem Zimmer, mit ihren Hausschuhen an den Füßen, und schaue durch die doppelten Lärmschutzfenster, die noch aus der Zeit stammen, als dieses Haus in der Einflugschneise des Tempelhofer Flughafens lag. Bei geschlossenen Fenstern ist es vollkommen still in der Wohnung. Über der Hermannstraße liegt ein orange-rötlicher Laternenschein, in dem sich dünner Schnee bewegt. Ich bin aufgewacht, weil irgendwo ein Geräusch war, das Anspringen des Gasboilers in der Küche vielleicht oder eine fallende Tür im Erdgeschoss. Jetzt sitze ich am Schreibtisch, in eine Decke gewickelt, und der Traum ist noch halb da: zwei Jungen mit Holzschwertern, Pappuniformen, die Soldaten spielen und sich heimlich lieben, tief unter ihnen erkenne ich eine dicht bewaldete, mediterrane Insel, eine der zwei kleinen Isole di Brissago im Lago Maggiore vielleicht? Ich spüre mehr, als dass ich es weiß, wie sich die Dinge in mir neu ordnen.

Ich habe dir sehr selten vorgesungen. Einmal, als du krank warst, da war es ein Schlaflied für Kinder. Und ein zweites Mal, als du mich darum gebeten hast. Wir waren zusammen in eurem Badezimmer, du unter der Dusche und ich vermutlich vor dem Spiegel, und du hast etwas getan, das du noch nie zuvor getan hattest, nämlich gesagt: »Könntest du mir etwas vorsingen?«

Ich habe »Bald prangt den Morgen zu verkünden« aus der *Zauberflöte* gesungen, vielleicht weil es morgens war, ich erinnere mich nicht genau und euer Badezimmer hatte keine Fenster, deswegen könnte das Bild in meiner Erinnerung zu jeder Tages- und Nachtzeit gleich diffus ausgeleuchtet gewesen sein. Manchmal gab es Dinge zwischen uns, die waren unerklärlich – wie das mit dem Singen: dass wir viel über Musik gesprochen, aber uns geschämt haben, es voreinander zu tun. Dass ich mir trotzdem gewünscht habe, du hättest mich öfter darum gebeten, du hättest etwas, von dem ich denke, dass ich es noch nicht einmal besonders gut kann, sehr an mir gemocht.

Ich treffe dich unten beim Supermarkt, da stehst du an die Absperrung gelehnt, hinter der die Einkaufswagen aufgereiht sind. Du siehst ein wenig blass aus im Einkaufspassagenlicht (und du erzählst mir dann, dass du den Tag über seit dem Frühstück nicht richtig gegessen hast). Es ist wie ein Traum, es ist, als wäre nichts passiert. Darüber reden wir später, nachdem wir gekocht haben und Weißwein trinken (den sprudelnden Mathilde-Wein aus Portugal, der so heißt, weil Mathilde ihn immer überallhin mitbrachte, schon als wir sechzehn Jahre alt waren). Wir unterhalten uns darüber, wie die menschliche Psyche offenbar so eingerichtet ist, dass sich das wunderbare, funkelnde Netz immer wieder selbst flickt. Immer wieder zuwächst, ein Garten. Wie bei *Harry Potter* das Schwert Godric Gryffindors alle Substanzen, jedes Gift, in das es getaucht wird, in sich aufnimmt und stärker wird daran. Alles unterhalb des Traumas, und sei es noch so schlimm, ist integrierbar. Es erschreckt mich. Vielleicht habe ich gedacht, ich könnte dich nie wieder ansehen, vielleicht habe ich gefürchtet, diese eine Nacht auf der Werbellinstraße wäre zu viel gewesen - und doch sitze ich hier und lächele und rede mit dir so sanft und sicher, als hättest du nie etwas anderes von mir gesehen als eine junge, kluge Frau in vollem Besitz ihrer Kräfte. Nichts ist endgültig schrecklich. Man hat doch keinen Fluch auf sich geladen, keine Schande und keine Schuld.

Karolina hat eine Theorie von der Traurigkeit, die im Grunde besagt, dass es zwei unterschiedliche Arten von Traurigkeit gibt: eine, die einen am Morgen packt, und eine für den Abend. Bei der Abendtraurigkeit, erklärt mir Karolina, als wir Rotwein im k-fetisch trinken, ist es die Situation, in der man lebt, die vertrackt ist (und die man nun schon wieder an einem langen Tag nicht gelöst hat). Es ist mehr wie eine schleichende Bedrohung. Bei der Morgentraurigkeit hingegen ist es ein Ereignis, das einen traurig macht, und dieses Ereignis ist immer schon eingetreten. Man betrauert es. Man kann sich wohl irgendwann damit abfinden, wie mit einem Schicksalsschlag eben. Erst einmal jedoch schleift man es durch die Tage, gekrümmt, voll davon. Viele Menschen schreiben am Morgen - Thomas Manns frühes Sitzen am Schreibtisch, Milton, schon erblindet, der vom Bett aus diktiert. Das hat vermutlich damit zu tun, dass man mit der Nacht noch nicht ganz fertig ist, dass vieles an die Oberfläche getrieben ist und da nun herumliegt. Hustvedt schreibt, dass Schreiben und psychoanalytisches Sprechen eine Art von Traumarbeit im Wachen sind. Es erlaubt einem, Dinge zu bearbeiten, indem man sie zugleich nah heranzieht und verschleiert.

Nachdem wir zum ersten Mal beschlossen hatten, uns zu trennen, habe ich den Ring mit dem Mondstein abgenommen. Den Ring haben Lara und ich, als wir im vergangenen Frühjahr in London waren, an einem sonnigen Morgen auf dem Portobello Road Market gekauft. Es war die Antwort auf einen anderen Ring, billiger und protziger, den wir Jahre zuvor auf dem gleichen Markt gefunden hatten.

Um Punkt zwölf, als die Glocken losgehen, ein Windstoß, ein Regenschauer, kurz, dann wieder Sonnenschein. Ich kann es eigentlich nicht anders sagen, als dass es sich anfühlt wie ein Segen, der durch die Äste streift. Ein Segen, eine Benediktion, mit der man weitergehen kann. Wie wenn Fernando Pessoa am Fenster steht und Lebewohl zu seinen Gedichten sagt, mit einem Rhythmus wie Wellen am Strand, wie der Atem eines großen Tieres:

> Passo e fico, como o universo. – Ich bleibe und vergehe, wie das Weltall.

Das Erste, woran ich mich erinnere: das Wort *Plattform*. Der Name *Gare du Nord*. Das erste Mal, dass ich etwas mit Worten gemacht habe, kam ein kleines Lied dabei heraus, ein Singsang, um den Schneefall zu begrüßen: *Alles ist in Eile, keines hält mal an, trotzdem majestätisch, in dem großen Bann.* Wenn ich jetzt durch den Schneeregen zum k-fetisch laufe und es wieder im Kopf habe, im Mund eigentlich, dann weiß ich, dass ich immer noch die gleiche Person bin. Und dieser Gedanke ist eine Ruhe und eine Bestätigung zugleich.

Es ist Karfreitag, ein leerer, halber Himmel, ich fahre zurück. Im Grunewald sind an diesem Morgen viele Leute unterwegs, die meisten in bunter Funktionskleidung, mit Fahrrädern oder beim Laufen. Ein paar Spaziergänger dazwischen, Kinder und Hunde. Bei unserer letzten Begegnung hast du gesagt, man könnte eigentlich auch zusammen sein. Was macht es schon für einen Unterschied? Ja, man könnte, man könnte immer, darin liegt ein Trost, in dieser unbegrenzten Offenheit, mit der ein neues Jahr beginnt, darin liegt aber auch der Ekel vor der zähen Beliebigkeit. Nie wird das hier wirklich genug sein – ich meine nicht nur dich und mich –, bis zum Schluss, das Leben ist wohl so eingerichtet, dass es uns ständig Appetit auf sich selbst macht, dass es uns anstachelt, immer mehr aus ihm herausholen zu wollen, als da eigentlich zu bekommen ist – was zieht den Radfahrer auf seiner unsichtbaren Schnur vorwärts zum Waldrand hin? Ich schreibe Geschichten, weil mir die Wirklichkeit so, wie ich sie vorgefunden habe, nicht ausreicht. Alles, was ich weiß, ist das hier: Etwas löst das Universum auf. Etwas frisst die Schwerkraft an. Etwas kratzt an den molaren Strukturen, zerstreut uns und führt uns wieder zusammen, so wie es will, so wie nichts will, wieder und wieder.

Und nichts geht verloren und nichts geht vorüber und niemand gehört jemals uns. Wir selbst am allerwenigsten. Es gibt Momente, natürlich, wie etwa jenen, als ich an einem klaren Septembertag den Hundert-Kilometer-Blick vom Passo delle Colombe geworfen habe, der so heißen muss, weil man dort oben eben zur Taube wird, der Taube gleicht, die mehr Geist ist als Feder und die trotzdem kann. Damals habe ich mich verortet in dieser Weite. Damals gehörte ich - für fünf Minuten vielleicht, für den Blick rüber zu den Schneefeldern des Rheinwaldhorns - dazu.

Das Christentum war ja mal der Versuch, das Kontinuum der Geschichte aufzusprengen, wie das bei Benjamin heißt. Zu sagen: Es gibt jetzt aber doch ein Vorher und ein Nachher, ab hier sortieren wir die Dinge neu. Mit dem Kommen des Messias war ein Teil der Wirklichkeit unwiederbringlich abgeschlossen. Etwas wurde eingelöst, die Motive haben sich vollendet und verschlossen. Alles, was danach, also jetzt, stattfindet, spielt sich in einem ungewissen, leicht peinlichen Wartezustand ab. Die letzten Worte der Johannes-Offenbarung (die auch die letzten der Bibel sind), sprechen ausdrücklich davon, dass der Herr kommt, dass die Zeit naht, dass er bald da ist. Seit zweitausend Jahren lungern wir also herum. Die erste christliche Gemeinde in Jerusalem war sich sicher, in Endzeiten zu leben. Immer wieder haben ja einzelne Menschen oder ganze Gesellschaften gedacht: Es muss doch auch mal gut sein. Das hier sind die langen Jahre, von denen keine Prophezeiung spricht. Dazu passend vor dem

Fenster des Fernbusses die halb leeren Dörfer und Höfe Brandenburgs, ein desolates, graugrünes Land, durch das sich Autos, Pferde und Kühe ziellos bewegen (dann und wann aber auch das Aufblitzen von so etwas wie Sinn und Struktur; ein gepflasterter Hof, eingefasst von einer Mauer, Blumenkübel, ein majestätischer Hund). Und wie schön heute die Farben sind! Ganz flach und gekräftigt. Ich sehe große weiße Gänse auf einem überschwemmten Feld. Ich sehe einen gefluteten Tagebau, die Schienen einer Schmalspurbahn, die mal Kies oder Kohle befördert hat, führen geradewegs in den See. Ich will schreiben, denke ich, Reportagen, Gedankengänge, ich will berichten, gelesen werden, gesehen. Ein wenig ist es nun so, als wären alle Menschen du.

»Willst du sehen, wo wir gewohnt haben, als ich ein Kind war?«, frage ich dich am Breitenbachplatz. Da sind wir schon betrunken. Du bist strahlend und aufgelegt. Es ist Mai 2013 und wir haben seit ein paar Wochen versucht, diese Affäre zu beenden, aber es gelingt uns nicht, zu meiner großen Freude. Alles ist schmerzhaft und ein Triumph.

Wir laufen die Kreuznacher Straße hinunter, an der Künstlerkolonie vorbei, vielleicht sage ich etwas dazu. Vielleicht sage ich etwas zu den Vorgärten mit den niedrigen, abgerundeten Mauern, die ich mein ganzes Leben lang schon kenne, und den dornigen Hecken mit den kleinen ledrigen Blättern und roten, tropfenförmigen Beeren dahinter.

Das Haus, in dem wir gewohnt haben, sieht nicht sonderlich anders aus als vor zehn Jahren. Eine braungraue Fassade, Lindenbäume, alles feucht vom Sommer. Wir schleichen uns in den Hinterhof, zwischen die Mülltonnen und Teppichstangen und die traurigen Spielgeräte, mit denen ich nie gespielt habe, als ich klein war. Wir pinkeln zwischen die Blumen, wir liegen im Sandkasten, über uns die Häuserwände und ganz oben im Himmel Schwalben und Kondensstreifen, die geradewegs in das offene Fenster meines alten Zimmers hineinlaufen. Etwas wird mir in diesem Moment klar, das ich auch Jahre später schwer in Worte fassen oder deuten kann, aber das ungefähr besagt, dass, entgegen aller Erwartungen, die Dinge wahr sind, auch - nein, gerade - wenn sie sehr im Unklaren bleiben.

Komisch, denke ich – und liefere damit auch sogleich den Beweis für das, was ich nun aufschreiben werde –, dass man immer zwei Spulen laufen lässt und beim Nachdenken sowohl eine ganz persönliche Perspektive einnimmt – ich, Gesa Jessen, schreibe das hier mit Kugelschreiber am Karfreitag 2018 vorne in ein Buch hinein, das Sarah mir vor der Abreise gegeben hat, Jackie Kays *Trumpet*, weil mein Notizbuch unten im Koffer liegt, im Bauch des Reisebusses von Berlin nach Köln – aber auch immer eine allgemeine. Ich könnte schließlich jede Art von schreibender Frau sein (ist das wichtig?) oder von Liebender und Verlassender (ist *das* wichtig?) oder von Autorin nach 1945 oder von Städterin auf der Durchreise übers Land. Immer spricht man mit vielen im Mund. Das zu bedenken ist, was man auf Englisch eine *humbling experience* nennt, eine Erfahrung, die einen bescheiden macht, demütig. Ich liebe dieses Kafka'sche »man«, ich liebe es, so zu tun, als wüssten zumindest einige schon im Voraus, worum es geht, als stünde ich nicht so allein da, als wären Leute eingeweiht.

Und dann stehe ich in der dunklen Halle deines Hausflurs und klopfe an deine Tür, durch die immer noch ein vertikaler Riss läuft, seit sie letztes Jahr aufgebrochen wurde. Als du mir öffnest, müssen wir beide nicht mehr sprechen. Du fasst als Erstes mein Gesicht an und ich denke, ja, das ist genau richtig so. Immer mein Gesicht, da, wo ich bin, wo meine Regungen wohnen, hinter dem meine Gedanken sitzen. Mit diesem Gesicht habe ich dich angeschaut, von Anfang an. Dieses Gesicht musst du lieben. Nicht meine Stimme, die ist überflüssig und falsch, aber manchmal kann man etwas zwischen meinen Augenbrauen sehen, in dem Zug meines Mundes, in dem unbeobachteten und dennoch schmerzhaft über sich selbst bewussten Zucken in der Wange. Etwas, das urwüchsig ist und bloß und das man doch lieben muss, weil es eben jenseits aller Beherrschung liegt. Wie ein wütendes Kind, angestachelt durch das eigene Weinen. Wie ein Hund, dessen Treue man prüft, indem man ihn an einem Baum im Wald sitzen lässt, während man weitergeht.

Deine Hände gehen über meinen ganzen Körper hinweg, um mich festzuhalten oder fernzuhalten, ich weiß es nicht. Du küsst meinen Mund, flüchtig, so, als würdest du gleich dahin zurückkommen. Ich will zubeißen. Ich will, dass etwas so wehtut, damit alles andere aufhört. Es ist schrecklich, mit dir zu schlafen, man trinkt und trinkt und verdurstet daran. Du hast immer gesagt, ich würde dich so an mich ziehen, in diesen Momenten, mit einer plötzlichen und unerwarteten Bestimmtheit und Heftigkeit. Also gut. Also auch jetzt. Irgendwie stolpern wir in dein dunkles Zimmer, der dumpfe Geruch abgestandener Luft und Wäsche und irgendwo vermutlich ein Teller mit Resten von Reis und Curry. Es ist das Vertrauteste, was es für mich gibt, wie dein Körper gegen meinen Körper stößt. In diesem Moment will ich anfangen zu schreien und nie wieder aufhören damit.

Du schläfst so schön und so todesstill, wie nur du schläfst, als hätte dir jemand eine Maske aufgelegt, die Augenbrauen leicht gehoben, eine geöffnete Hand ruht auf dem Kissen neben dir. Dein malerischer und sehr tiefer Schlaf. Du bewegst dich ein wenig, als ich meine Strumpfhose anziehe. Dann liegst du wieder regungslos.

Im dunklen Hausflur hole ich mein Handy aus der Manteltasche - drei verpasste Anrufe von Malte - und schaue auf die Uhr. Halb sechs, Samstagmorgen. Die U7 wird in zehn Minuten kommen.

Im ersten Semester sind Malte und ich immer wieder in den frühen Morgenstunden in dem einen Dönerladen am Nordende des Hermannplatzes gelandet. Wir haben Falafel gegessen, Ayran und Tee getrunken und uns vorgestellt, wir säßen in einem New Yorker Diner. Das New

York Diner mit seinen Plastiktischen und beschlagenen Fenstern, vor denen sich Nacht und Tag abwechseln, hielt eine besondere Spannung und Magie für uns bereit.

Jetzt rufe ich Malte an und schlage vor, dass wir uns dort treffen. Als er hereinkommt, sieht er abgespannt aus und schön, das Gesicht voll Glitzer. Ich sage ihm das, »du siehst so schön aus«, er winkt ab. Wir teilen uns eine Linsensuppe und ich esse noch ein Falafel-Sandwich. Ich finde es seltsam, dass ich so viel Appetit habe. Vor ein paar Wochen habe ich noch kaum etwas essen können.

Als wir hinausgehen, weht ein lauer Wind. Es wird ein Vorfrühlingstag werden mit einer warmen Mittagszeit, das merkt man. Wir können ein paar Stunden schlafen, dann mit leichtem Kater und einem Kaffee über den Flohmarkt schlendern, im Volkspark Schöneberg spazieren gehen. Unter dem goldenen Hirsch spielen sicher schon Leute Boccia.

Am Abend wird die kalte Nachtluft in großen Blöcken auf die Stadt heruntersinken und dann ist es wieder Zeit, am Fenster zum Innenhof zu stehen und eine Zigarette zu rauchen, das eingebildete Knistern des Tabaks als einziges Geräusch. Dann kommt die Sonntagstristesse zurück. Man wird sie schultern müssen. Man wird nicht wissen, was morgen ist, und trotzdem wird man sich gehorsam, gottbefohlen ins Bett legen, als hingen die Dinge an einem sicheren Faden. Oder vielleicht denken viele Menschen das gar nicht so? Vielleicht ist es eher ein kontinuierliches Sich-Vermengen und Auseinandergehen? Vielleicht öffnen sich für sie täglich überall kleine Mündlein im

Material, weiche Stellen in der Tischplatte, an der Wand hinter dem Fernseher, in der Nacht, wenn sie aufwachen von einem Geräusch, das vielleicht auch im Traum war. Nicht jeder Mensch hat in der Kindheit das Glück und Unglück des Aufschubs kennengelernt, der beständigen Verlagerung aller Wünsche in die Zukunft. Wie Žižek mit Lacan immer sagt: Es gibt nichts Schlimmeres als eine Fantasie, die in Erfüllung geht. Ich schiebe mein Wägelchen vor mir her, so wie das manche Eltern machen, die dem Kinderwagen einen schwungvollen Stups geben und ihm dann folgen, während er allein für sich weiterrollt, als hätte er mit einem Mal ein Eigenleben bekommen. Schon wird mein Notizbuch wieder voller Listen und Pläne sein, eine Welle von Ideen, die sich aufbaut und aufbaut und immer mehr Wasser zieht. Ich will die Auflösung lernen, steht da, die *jouissance*, die Lust, die man aus Schmerzen gewinnt. Ich will wissen, dass, wenn ich mich nicht selbst zu rechtfertigen vermag, ich zumindest beide Hände und Füße und Augen in den Dienst von etwas stellen kann. Ich will, dass jemand mich anfasst. Ich will nicht nur für mich sein, ich will für das da draußen sein. Ausschreiten, mit dem heraufgekommenen Satz von Allen Ginsberg im Kopf, durchdringend und frei, wie ein Horn oder eine silberne Trompete: »so let it be the airport at blue Orly, a springtime clarity in the air over Paris …«

Aber erst einmal die Sonnenallee herunterlaufen, mit einem Schwindel im Nacken und dem Licht frontal ins Gesicht geklatscht. Katzen zwischen den Mülltonnen, miezmiezmiez, Filetstücke zum Frühstück, die zischend hinter angekippten Küchenfenstern in der Pfanne gewendet werden. Mir wird schlecht von dem Geruch. Es fühlt sich halb schlimm an und halb wie Freude. Ich bin hier, denke ich, in diesem Körper, ich mache weiter.

Dieser Text hatte ja eine ganz klare Aufgabe. Er wurde geschrieben mit diesen Zielen im Kopf: Mich von der Angst befreien, sollte er, und mich leben lassen ohne dich. Das Erste ist ihm gelungen, glaube ich, das Zweite eher nicht. Wie Hölderlin an Schiller im Juni 1797 schreibt: »Ich habe Muth und eigenes Urteil genug, um mich von andern Kunstrichtern und Meistern unabhängig zu machen, und insofern mit der so nötigen Ruhe meinen Gang zu gehen, aber von Ihnen dependier' ich unüberwindlich.«

Das laute Lied ist also kein Freiheitsruf geworden, kein Triumphgeheul. Auch wenn ich mir mit den Armen rudernd mehr Raum geschaffen habe, so ist das hier doch viel mehr ein Liebesbrief als ein Abgesang. Soll der Sommer doch kommen und mich trösten.

In Wirklichkeit war es so: An einem Montagmorgen im Oktober 2012 bin ich in einen Seminarraum der Freien Universität gekommen, zur ersten Italienischstunde des Semesters. Ich habe mich so gesetzt, dass ich aus dem Fenster schauen konnte, mit dem Rücken zur Tür. Daher habe ich nicht gesehen, wie du hereinkamst. Du hast dich neben mich gesetzt, zu meiner Linken. Ich habe deine Hände auf dem Notizbuch gesehen, wie du mit Füller und schwarzer Tinte geschrieben hast, deine schöne, großzügige Handschrift. Du hast gesagt, du wolltest Italienisch lernen, um Fellinis Filme im Original zu sehen. Wir waren beide zweiundzwanzig Jahre alt.

Alles, was danach kam, war vielleicht eine Enttäuschung. So ist wohl die Natur dieser Dinge. Der Schmerz und die Schönheit, die Stille des Wassers eines Sees im Süden von Berlin, der zurückbleibt so bleich und gebeizt wie Seide, während wir nach Hause radeln, die kleinen Hoffnungen auf eine Berghütte mit Tieren, das jubilierende Gefühl der Vorfreude zwischen dem Klingeln an deiner Haustür und dem Moment, in dem ich in dein Zimmer komme, um dich zu küssen. Wie oft ich mit dem Finger über deinen Namenszug gestrichen habe (der Schwung, der vom letzten Buchstaben des Nachnamens zurückreicht bis ganz zum Anfang, wie das Rad eines Pfaus).

Am Ende, das weiß ich, sehen wir uns wieder, auf der anderen Seite des Tals und des Meeres. Wir werden auf der roten, staubigen Straße gehen, die hinein nach Cholula führt, die Kirche auf der Spitze der Pyramide, Nuestra Señora de los Remedios, bleibt an diesem Morgen halb verborgen im Nebel, Glocken und Silvesterknaller und Schüsse hallen aus dem Nirgendwo. Wir werden uns nicht ansehen und nicht anhalten, laufen und laufen auf den gewundenen Wegen, die sie in die Felsen geschlagen haben, durch die Täler voll Kaffeepflanzen und hartem Gestrüpp, nachts werden wir nicht schlafen, bis wir an den Perlenstrand ganz im Westen gelangen. Keiner unserer

Vorfahren war je hier. Wir aber werden die Schuhe von den Füßen streifen und bis zum Wassersaum schlendern, auf diesem Stück frisch geborenen und immer wieder frisch geborenen Landes stehen. Wir werden die Jadeplättchen in den Mund nehmen, wir werden einander die Perlen auf die Augen legen, für die dieser Strand berühmt ist. Man kann zusehen, wie die Glaspaläste draußen auf der Sandbank versinken, sich auflösen in Schaum und Gischt. Deswegen kommen Menschen hierher, für dieses Schauspiel.

Die letzte Musik und die letzten Worte werden wieder eins mit dem Geräusch des Wassers und streifen so ihre Kenntlichkeit und Gemachtheit ab. Sie sind lange genug geblieben, was wir von ihnen wollten. Jetzt dürfen sie abermals die Sirenen sein, die sie eigentlich immer waren, die wir nur missverstanden haben: Man bezahlt nicht mit dem Tod, sie gehört zu haben, sondern sie zu hören ist das, was man Auflösung nennt oder Erlösung oder auch Sterben. Dazu die letzten, triumphalen Verse von Shelleys »Ode to the West Wind«, wieder und wieder, zu dir hinübergeweht den ganzen langen Weg vom Mittelmeer, Azurblau, ein wenig Gold:

If Winter comes, can Spring be far behind?

Verweise

Theodor W. Adorno, *Minima Moralia. Reflexionen aus dem beschädigten Leben*, in: ders., *Gesammelte Schriften*, Bd. 4, Frankfurt a. M. 2003.

— und Max Horkheimer, *Dialektik der Aufklärung. Philosophische Fragmente*, Frankfurt a. M. 2012.

— *Versuch über Wagner*, Frankfurt a. M. 1974.

— *Noten zur Literatur*, in: ders., *Gesammelte Schriften*, Bd. 11, Frankfurt a. M. 2003.

Margaret Atwood, *The Robber Bride*, New York 1998.

W. H. Auden, »Voltaire at Ferney«, in: *Poetry. A Magazine of Verse*, LIV. 3 (Juni 1939), S. 199–121.

Giorgio Bassani, *Die Gärten der Finzi-Contini*, München, Zürich 1991.

Joan Baez, *Diamonds & Rust*, Santa Monica 1975.

Walter Benjamin, »Die ›Neue Gemeinschaft‹«, in: ders., *Gesammelte Schriften*, Bd. 4.1, Frankfurt a. M. 1972.

— *Ursprung des deutschen Trauerspiels*, Frankfurt a. M. 2000.

— Brief an Jula Radt, zitiert nach Werner Fuld, *Walter Benjamin. Eine Biographie*, Hamburg 1990.

Gottfried Benn, »D-Zug«, in: ders., *Sämtliche Gedichte*, Stuttgart 1998, S. 24.

David Blackbourn, *The Conquest of Nature. Water, Landscape and the Making of Modern Germany*, New York, London 2006.

Robyn Bolam, *New Wings. Poems 1977–2007*, Hexam 2007, S. 75.

Jorge Luis Borges, *Fiktionen. Erzählungen 1939–1944*, Frankfurt a. M. 2011.

— *Das Aleph. Erzählungen 1944–1952*, Frankfurt a. M. 2014.
— *Borges und ich. Gedichte und Prosa*, Frankfurt a. M. 1993.
Bertolt Brecht, »Zum Freitod des Flüchtlings W. B.«, in: ders., *Gesammelte Werke*, Bd. 4, Frankfurt a. M. 1967, S. 829.
Teju Cole, *Known and Strange Things*, London 2017.
Astrid Colomar, *Black/Negro*, Berlin 2013.
Rebecca Comay, *Mourning Sickness. Hegel and the French Revolution*, Stanford 2010.
Joan Didion, *The Year of Magical Thinking*, New York 2006.
Annette von Droste Hülshoff, »Die Mergelgrube«, in: dies., *Historisch-kritische Ausgabe. Werke. Briefwechsel*, Bd. 1.1, Tübingen 1978–2000, S. 50–52.
T. S. Eliot, »Four Quartets«, in: ders., *Collected Poems 1909–1962*, London 2002.
Hans Fallada, *Blanka, eine geraubte Prinzessin*, in: ders., *Gesammelte Erzählungen*, Hamburg 1967.
Max Frisch, »Judith / Ein Monolog«, in: *Heimliche Gedichte*, Zürich 2007, S. 179–180.
Carlos Fuentes, *Terra Nostra*, München 1985.
Johann Wolfgang von Goethe, *Wilhelm Meisters Lehrjahre*, München 1997.
G. W. F. Hegel, *Phänomenologie des Geistes*, Frankfurt a. M. 1973.
— *Wissenschaft der Logik*, Frankfurt a. M. 1986.
Heinrich Heine, *Buch der Lieder*, in: ders., *Sämtliche Schriften*, Bd. 1, München 1968–1976, S. 9–212.
Friedrich Hölderlin, »Brief an Friedrich Schiller am 20. Juli 1797«, in: ders., *Sämtliche Werke*, Bd. 6.1, Stuttgart 1943–1985, S. 241.
Homer, *Ilias*, München 1976.
Siri Hustvedt, *A Woman Looking at Men Looking at Women*, New York 2016.

Leslie Jamison, »Does Recovery Kill Great Writing?«, in: *The New York Times Magazine*, 13. März 2018.

Adrian Johnston, »Nothing is Not Always No-one: (a)Voiding Love«, in: *Filozofski vestnik* 26.2 (2005), S. 67–82.

Esther Kinsky, *Hain. Geländeroman*, Berlin 2018.

Wolfgang Amadeus Mozart, *Die Zauberflöte. Eine große Oper in zwei Aufzügen*. Libretto von Emanuel Schikaneder, Ditzingen 2014.

Fernando del Paso, *Palinurus von Mexiko*, Frankfurt a. M. 1992.

August von Platen, »Tristan« in: ders., *Werke in zwei Bänden*, Bd. 1, München 1982, S. 69.

Fernando Pessoa, »XLVIII Da mais alta janela da minha casa«, in: ders., *Poemas de Alberto Caeiro*, Lissabon 1946.

Philip Pullman, *His Dark Materials*, New York 1995–2000.

Rainer Maria Rilke, *Die Aufzeichnungen des Malte Laurids Brigge*, Frankfurt a. M. 1982.

— *Die Gedichte*, Frankfurt a. M., Leipzig 2006.

Friedrich Schiller, »An die Freude«, in: ders., *Sämtliche Werke*, Bd. 1, München 1962, S. 133–135.

Pete Seeger, Gespräch mit Mimi und Richard Fariña in der Sendung *Rainbow Quest* am 26. Februar 1966, in: {https://archive.org/details/RainbowQuest16}, letzter Zugriff 02.12.2021.

Percy Bysshe Shelley, *Poems*, London 2012.

J. R. R. Tolkien, *The Lord of the Rings*, New York 2007.

Vergil, *Aeneis*, in: ders., *Werke in einem Band*, Berlin 1987.

Richard Wagner, »Brief an Franz Liszt am 5. Juni 1849«, in: *Franz Liszt – Richard Wagner. Briefwechsel*, Frankfurt a. M. 1988, S. 67.

— *Tristan und Isolde*. Textbuch mit Varianten der Partitur, Ditzingen 2003.

Johann Joachim Winckelmann, *Anmerkungen über die Geschichte der Kunst des Altertums, Schriften und Nachlass*, Bd. 4.4, Mainz 2008.

Ludwig Wittengenstein, *Tractatus logico-philosophicus*, Frankfurt a. M. 1999.

Virginia Woolf, *To the Lighthouse*, London 1996.

Slavoj Žižek, *Lacan. Eine Einführung*, Frankfurt a. M. 2008.

Alenka Zupančič, »On Love as Comedy«, in: *Identities. Journal for Politics, Gender and Culture* 2,1 (Sommer 2003), S. 61–80.

Gesa Jessen, geboren 1989, lebt in Berlin und arbeitet als Literaturwissenschaftlerin und Schriftstellerin. Sie hat Allgemeine und Vergleichende Literaturwissenschaft und Kunstgeschichte studiert und wurde mit der Arbeit *Nature after Romanticism* zur Beziehung von Natur und Literatur im 19. Jahrhundert an der University of Oxford promoviert.

Erste Auflage Berlin 2022

MSB Matthes & Seitz Berlin Verlagsgesellschaft mbH
Göhrener Str. 7 | 10437 Berlin
info@rohstoff-verlag.de

Umschlag: Marion Wörle, Berlin
Satz: Tom Mrazauskas, Berlin
Druck: GGP Media GmbH, Pößneck

ISBN 978-3-7518-7001-6

www.matthes-seitz-berlin.de
www.rohstoff-verlag.de

Rohstoff ist ein gemeinnütziges Verlagsprojekt von Matthes & Seitz Berlin.